KB036688

누가
북한을
움직
이는가

일러두기

- 인명과 지명은 국립국어원의 외래어표기법을 따라 표기하였다.
- 북한에서 사용하는 명칭을 쓸 때는 북한어의 규칙성(두음법칙, 띄어쓰기 등)을 따라 표기 하였다.
- 본문에 사용한 기호의 쓰임새는 다음과 같다.
  《 》: 단행본
  〈 〉: TV 프로그램, 잡지, 신문, 간행물

KBS 특별기획

누가 북한을

한국 KBS · 영국 BBC · 독일 ZDF 방영 다큐멘터리

움직이는가

KBS 〈누가 북한을 움직이는가〉 제작팀, 류종훈 PD **지음**

가나출판사

지금, 다시 **북한**은 **우리**에게 **무엇인가**

누가 북한을 움직이는가.

답은 뻔하다. 김정은이다. 할아버지 김일성이 잡은 조선민주주의인민공화국의 권력은 아들 김정일에 이어 손자 김정은으로 이어졌다. 전 세계 사회주의 국가의 역사를 통틀어 봐도 유례를 찾아보기 힘든 3대 세습이다. 세습이 당연시될 정도이니 절대적인 권력과 가혹한 통제로 유지되는 체제라는 데에는 두 말이 필요 없다. 그러니 '누가 북한을 움직이는가'는 우문이다.

하지만 종종 우문에서 현답이 얻어지기도 한다. 제작진은 그래서 한 번 더 우문을 던져보기로 했다. 다만 질문의 범위를 김정은으로 좁혔다. 스물여덟 살의 나이로 최고 권력자의 자리에 오른 김정은, 김정은 체제도 어느덧 7년이 지났다. 그의 집권 초기 '북한 붕괴론'이 힘을 얻었던 것을 기억한다. 하지만 7년이 지난 지금 김정은은 명실상부한 북한의 1인 수령으로 자리 잡았다. 시간을 좀더 거슬러 올라가면, 김정일이 권좌에 오른 1994년에도 북한이 곧 망할 것처럼 떠들어댔었다. 결과는 익히 아는 그대로다.

우리는 북한을 모른다. 북한은 수십만에서 수백만으로 추정되는 사람이 굶주림에 시달리다 죽어 나가는데도 1인 독재 체제가 유지되는 나라다. 지구상의 절반을 차지하던 사회주의가 붕괴되고 중국마저 개혁개방을 내걸고 시장에 뛰어든 지 40여 년이 지났는데도 여전히 대문을 걸어 잠그고 있는 나라, 최고 강대국 미국을 상대로 핵을 들고 도박을 하는데도 폭주를 막을 길이 없는 나라, 그런 와중에 전문가들도 현기증을 느낀다고 할 만큼 순식간에 판을 바꿔 미국 대통령 트럼프와 협상의 장을 연 나라다. 이 불가사의한 독재 국가를 누가 어떻게 굴리고 있는지, 그 실체가 궁금했다.

이번 다큐멘터리에선 방식을 좀 달리했다. 기존의 북한 관련 다큐멘터리가 고수하던 몇 가지 전형적인 패턴에서 벗어나고 싶었다. 북한 내부의 영상을 입수해 보여주거나 대형 사건이 터지면 급박하게 달라붙어 전문가의 분석을 인용하는 방식을 넘어, 북한을 움직이는 사람과 구조에 대한 심층탐사를 시도해보기로 했다. 일단 '정치'와 '경제'라는 두 축을 세우고, 지난한 구성 회의와 리서치를 거쳐 '파워 엘리트'와 '해외 노동자'라는 두 개의 키워드를 뽑아냈다.

우선 파워 엘리트를 북한의 정치를 해석하는 창으로 쓰기로 했다. 북한은 왕조 국가다. 사회주의를 내세우고 있지만 겉모양에 불과하다. 게다가 왕조의 세습이 왕에서만 이뤄지는 게 아니다. 신하들도 세습이다. 조선 시대에 노론 명문가니 소론 명문가니 하는 게 있었듯이, 북한에도 대대로 세습하며 권력을 누리는 기득권층이 있다. 김일성과 함께 만주에서 항일 무장투쟁을 했던 빨치산 가문이 그들이며, 대표적인 이가 최룡해다. 그의 부친인 최현은 김일성과 함께 보천보 전투를 치른 항일 빨치산으로 인민무력부장을 지냈다. 최룡해는 최현의 둘째 아들이다. 북한판 금수저인 셈이다. 이 금수저들이 김정은 집권 이후 어떤 부침을 겪었는지를 보면 북한 권력의 흐름을 엿볼 수 있으리라 생각했다.

권력의 크기는 최고 권력자와의 거리에 비례한다. 누가 김정은과 가까이 있는지가 궁금했다. 김정은의 현지지도* 수행자 명단을 모두 수집했다. 〈로동신문〉과 조선중앙TV에서 호명된 순서를 점수화하고, 사회연결망(social networking)으로 관계를 분석했다. 이는 구성원 간 상호 의존성을 바탕으로 인적·구조적 네트워크를 분석하는 것으로, 최근 각종 통계나 빅데이터 분석에서 많이 쓰는 기법이다. 그렇게 두드러지는 인물들을 추린 후 나이, 성별, 학력, 출신지역, 출신성분, 전문 분야 등을 입력해 횡으로 종으로 얽힌 관계를 들여다봤다. 북한의 국회의원 격인 최고인민회의 대의원들도 마찬가지로 분석했다.

그 과정에서 여러 어려움이 있었다. 일단 북한 주요 인사들에 대한 정보가 턱없이 부족했다. 통일부와 국방부는 물론 우리 측 정보기관과 북한 관련 연구소의 공개된 자료를 모두

---

* 최고 권력자가 현장에 직접 내려가서 행하는 북한 특유의 정책지도 방법

취합했는데도 여전히 부족했다.

결국 탈북자들의 도움을 받아야 했다. 탈북자 중에는 북에서 고위급 직책을 지낸 이들이 있는데 보통 언론 노출을 꺼린다. 어렵게 몇 분을 섭외해 〈누가 북한을 움직이는가〉에 대한 프로그램의 취지를 설명하고 도움을 청했더니 흔쾌히 응해주셨다. 북한에서 살아보지 않았으면 불가능했을 정보들이 쏟아져 나왔고, 그분들 덕에 부족한 부분이 많이 채워졌다.

이전에 없던 방대한 자료를 바탕으로 한 조사였기에 연구 용역을 수행한 전문가도 매우 흥미롭다며 제작진에게 수차례 따로 연락을 해오기도 했다. 파워 엘리트의 네트워크 분석만으로도 북한 정치 권력의 흐름이 보이고 예측도 가능해졌다. 장성택 숙청이나 제7차 로동당 당대회 등 굵직한 사안별로 시기를 구분하고, 각 시기 주요 인물이 누구인가를 꼽아보니 김정은 7년의 역사가 그려졌다.

파워 엘리트라는 키워드를 통해 들여다본 김정은은 의외로 냉철한 지도자였다. 그는 실무에 밝은 경제, 과학, 기술 분야의 젊은 관료들을 중용했다. 7년 동안 그는 주변을 아버지 김정일의 사람이 아닌 자기 사람으로 채워나갔다. 우리가 간혹

접한 숙청에 대한 뉴스가 그 과정을 보여준다. 합리적인 지도자는 아닐지 몰라도 그가 그리고 있는 '사회주의 강성대국'이라는 명제를 추진력 있게 밀어붙이는 합목적적 리더임은 분명했다. 이제 더는 김정은을 어린 미치광이, 핵으로 장난하는 철부지쯤으로 치부하는 실수를 범하지 말아야 한다는 정량적 근거를 찾을 수 있었다.

북한 경제를 해석하는 데에는 해외 노동자라는 창을 사용했다. 7년 전 김정일에 대한 3부작 다큐멘터리를 제작한 적이 있다. 그때 아프리카에 진출한 북한의 건설 노동자들을 잠깐 취재하면서 '이 먼 곳까지 와 있네'라는 생각을 했었다. 북한의 노동자들은 세계 각지로 송출되어 일하고 있다. 중국, 러시아뿐 아니라 말레이시아, 몽골, 폴란드, 중동 등지에 10만여 명으로 추산되는 북한의 해외 노동자들이 있다. 이들이 벌어들이는 돈만 매년 2~3억 달러(2,200~3,400억 원)에 달하는 것으로 추정된다. 북한의 경제 규모를 생각하면 막대한 외화 수입이다.

하지만 전 세계에 흩어져 있는 북한 노동자를 취재한다는 것은 쉬운 일이 아니었다. 일단 이들은 철저히 통제된 생활을 한다. 합숙소가 별도로 있고 개인 활동을 제약받는다. 북한 당국은 나라 밖 세계를 경험한 이들이 귀국 후 체제를 불안정하게 하는 요소가 될 것을 우려해 감시의 고삐를 늦추지 않는다. 그렇기에 취재를 하는 데 상당한 어려움이 있었다. 말 한마디 잘못 붙였다가 바로 시비가 붙고 몸싸움까지 일어날 정도로 접근 자체가 가로막혔다.

특히 주로 취재를 진행한 2017년은 북한의 핵 폭주가 절정에 달한 시기였다. 김정은은 연일 핵실험과 미사일 발사를 강행했고, 군사적 긴장감이 한반도를 뒤덮었다. 트럼프는 북한에 대한 경제 제재 수위를 하루가 멀다고 높여갔고, 급기야는 해외 노동자마저 제재 대상에 포함시켰다. 북한 노동자의 신규 송출 금지, 비자가 만료된 노동자의 기간 연장 불허, 현재 일하고 있는 노동자의 귀국 조치 등 점점 강도를 높여가며 북한 경제의 숨통을 죄어갔다.

상황이 이런 터라 노동자들은 외부의 접근에 대해 극도의 경계심을 드러냈다. 말을 붙여보는 것은 차치하고 어디에 숨어서 일하는지 찾는 것부터가 난관이었다. 국내라면 시간의 제약이 덜했겠지만 해외 취재라 마냥 문 두드리고 다닐 수도 없었다. 그나마 다행이었던 것은 해외 노동자 취재 부분을 국제적 공조로 진행했다는 점이다. 중국을 비롯한 아시아는 KBS가 맡고, 폴란드를 비롯한 유럽은 독일 저널리스트 팀이 맡아 현장을 누볐다. 독일 팀은 에미상에 빛나는 경력답게 노련하고 능숙했다.

사실 북한의 해외 노동자들을 바라보는 시선은 다면적이다. 노동자들이 손에 쥐는 돈 중 대부분이 당과 국가로 흘러들어간다는 것은 엄연한 사실이다. 그러니 그 돈이 핵 개발에 쓰이리라는 국제사회의 의심은 합리적이라 할 수 있다. 또한 이들의 가혹한 노동 조건은 인권 측면에서도 심각한 문제를 안고 있다. 하지만 그렇다고 북한의 노동자 송출을 봉쇄하는 것만이 해법일까? 어찌 됐든 이들이 손에 쥐는 얼마 안 되는 돈으로 북한의 장마당이 굴러가며, 북한은 장마당으로 먹고 사는 문제를 해결하는 초기 시장경제의 모습을 보이고 있다. 또한 귀국할 때 묻어가는 해외에서의 경험은 훗날 어떤 식으로든 북한을 변화시키는 데 하나의 실마리가 될 것이다.

독일 팀은 전자에 방점을 두고 취재를 했고, KBS 제작팀은 후자를 좀더 깊이 파고들었다. 그랬더니 우리 카메라에는 때

때로 이들의 모습 위에 가족을 위해, 나라를 위해 비행기와 배에 몸을 실었던 1960~1970년대 우리 아버지와 어머니의 모습이 겹쳐 보이곤 했다. 북한의 경제를 움직이는 해외 송출 노동자들은 스스로를 달러 영웅, 달러 히어로즈라는 이름으로 불렀다.

프로그램 제작이 막바지에 이를 때쯤인 2018년 봄, 한반도에 대전환이 일어났다. 글자 그대로 격동이다. 지금 우리가 보고 있는 남북정상회담과 북미정상회담이 그것이다. 한두 달 사이에 판이 백팔십도 뒤집혔다. 바람에 아직 찬 기운이 남았던 때만 해도 많은 전문가 사이에선 미국의 군사행동에 대한 우려가 흘러나왔다. 이러다 전쟁 나는 거 아니냐는 얘기를 예사말로 넘기지 않는 사람들이 하나둘 늘어갔다. '코피 작전'*이라는 이름으로 활자화된 군사 옵션이 스무 개가 넘는다며, 언론이 빨리 보도해야 한다고 목소리를 높이던 전문가도 있었다.

그런데 물줄기가 단박에 방향을 틀었다. 문재인 대통령과

※ Bloody Nose Strike. 미국이 북한을 제한적으로 타격하는 예방타격의 개념으로, 도널드 트럼프 미 행정부가 대북 군사 옵션으로 검토했다고 알려져 주목받았다.

김정은, 트럼프, 시진핑, 아베, 푸틴이 주연과 조연으로 총출동한 근래 보기 드문 큰 무대가 섰다. 4월 27일, 판문점 군사분계선의 남측과 북측을 서로 손잡고 넘나든 남북 정상은 시쳇말로 '이게 실화냐'를 연발하며 눈 비비고 보게 했다. 온 세계의 눈이 판문점에 쏠렸으며, 프레스센터로 몰려든 3,000여 명의 내외신 기자는 한반도가 지금 역사의 순간을 맞이하고 있음을 증명했다.

아침 다르고 저녁 다르게 쏟아지는 뉴스를 보면서 북한은 언제부터 이런 대전환을 준비하고 있었던가, 그들은 어떤 로드맵을 가지고 이슈들을 던지는가 하는 의문이 다시금 들었다. 대체 누가 북한을 움직이기에 이 불가사의한 나라가 유지되고 국제사회의 스포트라이트를 받는 건가 하는, 프로그램 제작 초기의 질문이 그것이다. 우리로선 공들여 준비해둔 보따리를 풀어내기에 절호의 기회를 만났으니 뜻밖의 행운이라 할 만하다. 북한과 김정은에 대한 관심이 어느 때보다 높아진 시기에 1년 6개월이라는 긴 시간과 적지 않은 자원을 투입한 다큐멘터리를 내보냈으니 공영방송 KBS가 참으로 적절한 일을 했다는 자부심도 크다.

그동안 우리는 러시아, 중국, 폴란드, 쿠웨이트 등 세계 각지를 누볐으며 몽골, 말레이시아, 세네갈 등지를 촬영한 해외 저널리스트들과도 접촉했다. 미국과 루마니아의 아카이브를 뒤졌고, 러시아와 중국에서는 군사 문서를 보관하는 곳까지 들어가 정보를 얻고자 애썼다. 북한 내부 영상을 찍어온 해외 다큐멘터리들을 살피면서 조금이라도 쓸 만한 영상이 있으면 바로 전화기를 들었다. 이 모든 것은 결국 남북문제의 당사자인 우리가 또 다른 당사자인 북한을 조금이라도 더 정확히 알아가기 위해 필요한 과정이다. 취재 도중 만난 한 전문가의 말이 인상적이었다. 그는 한반도의 통일이 결과가 아닌 과정으로 올 것이라 했다. 그 과정에 조금이라도 보탬이 됐다면, 그것으로 만족한다.

KBS 특별기획 〈누가 북한을 움직이는가〉 제작팀

2부
북한 정치를 움직이는 **파워 엘리트**

★

4부
한반도, 새로운 시대를 열다

★

01 부

김정은
시대,

판을
바꾸다

지금까지 **알던** **북한**은 잊어라

세 번의 남북정상회담에서 얻은 것들

　　　　　　2018년 4월 27일, 세기의 만남이 이뤄졌다. 문재인 대통령과 김정은 국무위원장이 판문점 공동경비구역 남측 구역에 있는 평화의 집에서 남북정상회담을 한 것이다. 이로써 65년 동안 지속된 정전협정을 한반도 평화협정으로 전환하고 한반도의 평화체제 구축을 위한 준비 작업이 시작됐다. 또한 2018년 6월로 예정된 북미정상회담에서 어떤 의제를 다룰 것인지 논의 방향의 프레임도 갖춰졌다.

남북관계의 역사는 정상회담 이전과 이후로 구분할 수 있다고 말할 만큼, 남북 두 정상의 회담은 그 자체로 의미가 큰 사건이다. 물론 정상회담 외의 경로로 남북한 간에 주요 합의가 이뤄지기도 했다. 그러나 양국의 관계는 남북정상회담을 계기로 실천으로 전환되어왔다. 체제가 다른 남한과 북한은 오랫동안 접촉이 없었기에 불신과 오해, 온갖 추측이 난무하는 상황에 처해 있었다. 그러나 남북관계 개선에 대한 양측의 의지와 노력으로 대화의 물꼬를 튼 이래 남북정상회담은 관계를 개선하는 데 큰 역할을 해왔다.

최초의 남북정상회담은 2000년 6월 평양에서 이뤄진 김대중 대통령과 김정일 국방위원장의 만남이었다. 회담 결과로 마지막 날 6·15 남북공동선언이 발표됐다. 이에 대한 평가는 다양한 시각에서 이뤄질 수 있겠지만 가장 중요한 부분은 '공존'의 약속이었다.

특히 6·15 남북공동선언 2항에서는 남측의 '남북연합'과 북측의 '낮은 단계의 연방제' 안에 공통점이 있음을 인정하고

▌ 2000년 6월. 평양에서 열린 최초의 남북정상회담

▌ 2007년 10월. 평양에서 열린 두 번째 남북정상회담

▌ 2018년 4월. 판문점에서 열린 세 번째 남북정상회담

서로 협의해나간다고 명시했다. 서로가 체제를 인정하고 공동의 번영을 위해 노력하기로 한 약속이기에 더욱 의미가 깊다고 할 것이다. 남한 보수 세력의 비판을 불러오기도 했으나, '통일은 과정'이라는 점을 서로 확인하고 합의함으로써 이후 지속적으로 남북정상회담을 통해 대화의 창을 여는 데 디딤돌이 됐다.

두 번째 남북정상회담은 2007년 10월 노무현 대통령과 김정일 국방위원장의 만남이었다. 장소는 첫 번째와 마찬가지로 평양이었으며 '남북관계 발전과 평화번영을 위한 선언'인 10·4 남북공동선언이 발표됐다. 2007년 남북정상회담은 북핵 문제 해결의 환경을 조성하는 과정이었으며 한반도에 평화를 정착시키겠다는 약속이었다. 정상회담에 이르기까지 사전 준비가 차근차근 진행됐다. 2004년 6월 4일 제2차 남북 장성급 군사회담에서 우발적 충돌 방지에 합의하고, 그해 6월 15일부터 남북 양측이 휴전선 확성기 방송을 중단하는 등 대결보다 평화를 지향하는 노력을 하기 시작했다. 남북정상회담은 그런 노력의 결실이었다.

10·4 남북공동선언에서는 남북관계에서 분야별로 협력할

수 있는 내용을 상세하게 정리했는데, 그중 주목할 만한 부분이 '서해평화협력특별지대' 구상이다. 여기서 가장 쟁점이 됐던 것이 북방한계선, 즉 NLL(Northern Limit Line)이다. 북한은 1955년에 12해리 기준으로 영해를 선포했다. 이후 간헐적으로 NLL을 침범했으며 1999년 연평해전, 2002년 서해교전이라는 갈등을 일으키기도 했다. 2007년 남북정상회담에서 합의한 서해평화협력특별지대 구상은 군사적 · 정치적으로 민감한 문제를 건드리지 않고, 경제적 협력을 통해 평화를 정착시키려는 노력이었다.

2000년과 2007년 두 번의 남북정상회담 이후 대북 정책을 펼치는 과정에서 얻은 것은 무엇이고 잃은 것은 무엇일까? 지난 시대는 한반도 평화체제에 대한 비전을 과제로 남겼다. 가장 중요한 것은 북한과의 핵 폐기 협상이 과연 가능하겠느냐 하는 것이다. 그리고 남북 경제협력 분야의 제도화 역시 중요한 과제다. 이를 위해서는 단기적 관점과 중장기적 관점이 모두 필요하다. 정부의 역할뿐만 아니라 기업의 투자 활성화에 따른 사회간접자본시설 등 민간 투자의 영역도 여전히 남아 있다. 게다가 냉전에서 탈냉전 시대로 진입하는 과정에서 지금까지 반공주의를 정체성으로 삼아온 보수 세력을 어떻게 국민적 합의의 장으로 끌어낼 것인가 하는 문제도 있다. 초당파적 입장에서 미래지향적인 남북관계의 그림을 어떻게 그려갈 것인가? 세 번째 남북정상회담을 통해 과연 구체적인 답을 얻어낼 수 있을까?

평화, 새로운 시작

11년 만에 열린 세 번째 남북정상회담은 판문점에서 이뤄졌다. 평양이 아닌 곳에서 이뤄진 최초의 남북정상회담이었다. 분단으로 인한 남북의 대치 상황을 보여주던 판문점이 대화의 상징이 된 것이다. 실로 극적인 반전이 일어난 셈이다.

2018 남북정상회담 준비위원회가 확정한 회담의 표어는 '평화, 새로운 시작'이다. 두 정상의 만남은 한반도뿐만 아니라 세계사적으로도 한 획을 긋는 일이다. 남북 정상 간 만남이자 북미정상회담으로 이어지는 길잡이 회담으로서 세계 평화 여정의 시작이라는 의미가 담겨 있기 때문이다.

그러나 이런 화해 모드는 불과 1년 전만 해도 상상하기 어려웠다. 북한의 연이은 핵 도발로 정상회담은커녕 대화의 장이 열릴 수 있을지조차 예측할 수 없었다. 남북정상회담이 열리기 불과 며칠 전까지도 전 세계의 북한 관련 전문가들은 별다른 성과가 없을 것이라고 조심스럽게 전망했다.

빅터 차_Victor Dong Cha_
미국 전략국제문제연구소(CSIS) 한국 석좌

"북한의 풍계리 핵실험장 폐쇄와 핵·미사일 실험 중단 선언을 환영한다. 하지만 새로운 것은 없다. 정상회담이 실제로 성과물을 얻어내기 위해선 기초적인 작업이 매우 중요하다. 사전 조율 없이 정상회담에서 비핵화에 대한 선언만 이뤄지는 것은 좋은 결과라고 볼 수 없다. 북한의 입장은 아직 예측할 수 없지만, 한 가지 분명한 건 남북정상회담의 결과가 이후 북미정상회담의 직접적인 예고편이 되리라는 것이다."

제임스 스타인버그 *James Steinberg*
전 미국 국무부 제1부장관

"북한이 비핵화에 진정성이 있는지 확인하기 위해선 검증이
필요하다. 사찰단 수용 여부가 북한의 진정성을 확인할 수 있
는 카드다."

브루스 베넷 *Bruce Bennett*
미국 랜드연구소 선임연구원

"김정은이 선언한 풍계리 폐쇄는 비핵화 과정으로 보기 어렵
다는 게 미국의 입장이다. 북한의 진정성을 확인하기 위해 검
증, 특히 핵시설보다 핵무기 자체에 대한 검증이 필요하다.
북한이 주요 무기에 대해 국제원자력기구(IAEA)*의 사찰을
받는다면 비핵화의 첫 번째 발걸음이 될 것이다. 핵무기뿐만

※ International Atomic Energy Agency. 원자력의 평화적 이용을 통해 전 세계의 평화,
보건 및 번영을 증진하고 원자력의 군사적 전용 억제를 목적으로 설립된 국제연합의 독
립기구

아니라 전통적인 무기도 한반도 평화에 위협 요소가 될 수 있다. 남북 모두 병력을 50만 명 수준으로 줄이자는 데 합의한다면 전쟁 위협도 그만큼 줄어들 것이다."

오바마 행정부에서 국무부 제1부장관을 지낸 제임스 스타인버그 미국 시러큐스대학교 교수는 북한의 비핵화에 대한 진정성을 확인할 수 있는 카드는 무엇이냐는 질문에 "국제원자력기구(IAEA) 조사단을 받아들이고 북한 내 핵실험장을 검사해 핵 개발이 중단됐는지 확인하는 절차가 필요하다"라고 답했다. 그는 "북한이 실제로 핵무기 개발을 중단한다고 해도 북핵 문제가 모두 해결되는 것은 아니다"라며 "핵을 만들 수 있는 역량은 그대로 남아 있다. 장거리 미사일과 같은 무기를 개발하려고 시도하는 건 아닌지도 검증해야 한다"라고 했다.

전 세계인의 우려와 기대 속에 열린 2018년 남북정상회담. 뜨거웠던 그날이 지난 후 이제는 냉정하게 생각해야 할 시간이 됐다. 우리는 김정은과 북한에 대해 무엇을 알고 있는가?

김정은은 북한을 어떻게 통치하고 있는가? 진정 북한을 움직이는 힘은 무엇일까? 한 가지는 분명하다. 오랜 세월 애증의 시간을 보냈음에도, 우리가 북한에 대해 아는 것이 거의 없다는 사실이다. 하지만 이제 더는 몰라도 그만인 사안이 아니다. 휴전을 넘어 종전으로, 그보다 더 적극적으로 평화를 향해 발걸음을 뗐기 때문이다.

김정은의 **북한**,
달라진 권력 구도

너무나 짧았던 승계 기간

　　　　　　　　　　　　2011년 김정은은 북한 최고 통치자 자리에 올랐다. 그의 나이 스물여덟 살이었다. 아버지 김정일과 비교하면 초고속 승계였다. 후계자 수업 기간도 짧았다. 그에 비하면 김정일은 1966년 스물두 살에 후계자 수업을 시작해 1974년 서른두 살 때 당 정치국원으로 선발되면서 후계 구도가 공식화됐다. 그리고 1994년 김일성 사망 후 쉰둘의 나이로 권력을 승계받았다. 30년에 걸쳐 차근차근 권력을 구축한 것은 물론 3년의 유훈 통치 기간을 거쳤기에 권력을 안정적으로 이어받을 수 있었다.

그러나 김정은에겐 준비할 시간이 없었다. 2008년 김정일의 건강이 악화되면서부터 후계 구도가 본격화됐다. 누구보다 건강했던 김정일이지만, 2008년 8월 뇌졸중을 앓은 이후 건강이 눈에 띄게 나빠졌다. 그럼에도 그는 핵 개발을 마무리하여 한국과 국제사회의 지원을 받아내고자 무리를 했다. 후계체제를 굳히려고 마음이 급했던 것이다.

2006년 신년사에서 김정일은 "금년은 사회주의 강성대국

김정은(당시 나이 28세)
북한 노동당 위원장

▌2011년 김정은은 북한 최고 통치자 자리에 올랐다.

의 여명이 터오는 한 해"라고 말했으며, 2007년 신년사 때는 "김일성 주석 탄생 100주년이 되는 2012년은 강성대국의 대문을 활짝 여는 한 해로 만들자"라며 경제 건설에 박차를 가했다. 그러나 그의 염원과 달리 국제사회에서는 역풍이 몰아쳤다. 연속되는 핵실험으로 미국의 금융 제재가 시작됐고 유엔안전보장이사회의 북한 제재 결의안까지 나왔다.

미국이 비밀 자금의 흐름을 봉쇄하자 강한 스트레스를 받았다는 일각의 견해도 있을 만큼 김정일은 압박을 받고 있었다. 후계체제의 준비로 보이는 움직임이 감지된 것이 이 시기다. 아내 고영희가 생전에 김정철, 김정은과 함께 지냈던 평안북도 창성 초대소를 '혁명 사적지'로 정비하는 사업에 착수한 것이다. 일설에는 김정은이 태어난 장소라고도 한다.

한때는 김정일의 건강이 회복되는 듯했다. 2007년 10월 두 번째 남북정상회담이 평양에서 있었다. 김대중 대통령에 이어 두 번째 남한 대통령을 맞은 그는 곧잘 농담도 던지며 건재함을 과시했다. 그러나 다시 건강에 적신호가 켜졌다. 프랑스 파리 산타누병원의 신경외과 부장 프랑수와 그자비에 루 박사가 김정일을 치료했는데, 루는 북한 의사단에 조언을 하고 치료법을 결정하는 역할을 맡았다. 그는 10일 정도 평양에 머물다가 김정일이 의식을 찾은 후 프랑스로 돌아갔다. 그는 그 전에도 몇 번 평양을 방문했었는데 그에 따르면 김정일이 있던 집중 치료실에는 자녀 두 명이 항상 곁을 지키고 있었다고 한다. 스물네 살의 김정은과 스무 살의 김여정이었다.

김정일은 의식이 돌아온 후부터 비정기적으로 가족회의를 열어 후계자 논의를 해온 것으로 보인다. 논의의 대상은 그의 여동생인 김경희와 매부 장성택 부부였다. 김정은이 정식으로 후계자로 결정된 것은 2008년 말에 열린 당중앙지도부회의였다. 2009년이 되자 김정일은 현지시찰회의를 예년의 배로 늘렸다. 초췌한 모습은 감출 수 없었지만 건강 불안설을 잠재우려는 듯 의욕적으로 활동했다.

말년에 그의 유일한 관심사는 자신이 죽기 전 김정은 체제를 반석 위에 올려놓는 것이었다. 2009년이 되자마자 인민군과 비밀경찰인 국가안전보위부, 그리고 경찰인 인민보안성 등 부대들로 하여금 후계자에 대한 충성을 맹세하는 집회를 자주 열도록 로동당 조직지도부를 통해 지시했다고 한다. 이후 김정일의 건강은 급격히 악화됐다. 군을 감독하는 총정치국, 보위부, 인민보안성의 보고는 김정은이 받았다. 김정일에 대한 충성심이 강한 군 관련 조직의 권력 이양은 순조로운 듯했다. 다만 경제 분야에서는 뚜렷한 개선점이 보이지 않았고 도리어 악화 일로를 걸었다.

2011년 12월 17일 김정일은 자신이 선포했던 강성대국을 끝내 이루지 못한 채 눈을 감았다. 그 미완의 꿈은 고스란히 아들 김정은에게 대물림됐다. 사회주의 국가 어디에서도 볼 수 없는 전무후무한 3대 세습에 의해서다.

김정일의 건강에 이상이 생긴 후부터 김정은이 최고 권력자 자리에 오르기까지는 3년밖에 걸리지 않았다. 김정은은 압축적으로 권력을 승계받았다. 북한이 아무리 강력한 권력 세습 국가라고 해도 전권을 장악하기엔 지나치게 짧은 시간이었다. 김정일 또한 자신의 사후에 일어날 수 있는 다양한 일을 염려했을 것이다. 그는 아들을 위해 후견인 그룹을 구축했다. 이들은 당대 최고로 손꼽히는 북한의 핵심 인물들이었다.

김정은 집권 전과 후, 무엇이 달라졌나

　　　　　　　　　　　　김정은의 후견인 그룹은 어떤 인물들로 구성됐을까? 그리고 그들은 아직도 여전히 김정은 옆에서 그를 돕고 있을까? 아니면 다른 사람으로 대체됐을까? 7년 동안 변화된 권력 구도를 알아야 하는 이유는 명확하다. 그가 무엇을 지향하는지, 원하는 것이 무엇인지, 어디에 힘을 싣고 있는지 등 보이지 않는 그의 속마음을 짚어볼 수 있는 결정적 실마리가 될 것이기 때문이다.

　북한은 공식적으로 서열 발표를 하지 않는다. 권력 구도와 내부 정보가 장막에 가려져 있기에 외부에서는 누가 실제 권력자인지 알기 어렵다. 그래서 서열과 권력 구도를 파악할 때는 현지지도에 참석한 횟수, 공식 행사에서 호명하는 순서 등을 중요한 기준으로 삼는다.

　〈누가 북한을 움직이는가〉 제작팀은 김정은 집권 7년 동안 주요 시기를 분류해 권력의 흐름을 분석해보았다. 국내 최초로 북한 권력층의 인적 정보를 데이터베이스화했고, 그들 상호 간의 연결관계를 네트워크 통계로 살펴보았다. 정확한 결

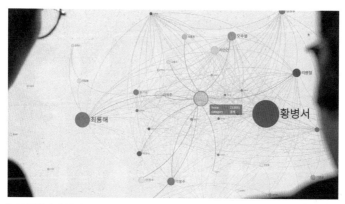

사회연결망 분석
구성원 간 상호 의존성을 바탕으로 인적, 구조적 네트워크를 분석하는 기법

과를 도출하기 위해 〈로동신문〉과 조선중앙TV에 보도된 김
정은의 현지지도 수행원을 전수 조사하는 것은 물론 정보기
관 내부 자료와 통일부, 한국은행 등 유관기관들이 조사한 자
료도 모두 수집해서 반영했다.

김정은 집권 이후 2012년 1월부터 같은 해 7월까지 6개월
이라는 기간을 조사하고 연구한 끝에 평양 파워 엘리트들의
사회연결망 분석을 완료했다. 분석 결과는 놀라웠다. 지금의
김정은 정권과는 확연히 다른 권력 구도가 나타난 것이다. 그
동안 김정은 주변에서는 무슨 일이 벌어졌던 걸까?

라종일
전 국가정보원
제1차장

곽길섭
전 국가정보원
대북정보관

문상균
전 국방부
군비통제 차장

윤미량
전 통일부 남북회담
상근대표

조성렬
국가안보전략연구원
수석

장광일(가명)
전 조선인민군
고위 장교

리충혁(가명)
전 조선로동당
평양시당 고위 간부

▎남북관계의 최고 전문가들이 서울에 모였다.

　상황을 좀더 구체적으로 분석하기 위해 남북관계의 최고 전문가라고 할 만한 사람들을 모았다. 라종일 전 국가정보원 제1차장, 곽길섭 전 국가정보원 대북정보관, 문상균 전 국방부 군비통세 차장, 윤미량 전 통일부 남북회담 상근대표, 조성렬 국가안보전략연구원 수석, 장광일(가명) 전 조선인민군

운구 7인방 (김정일 영결식 당시 운구차를 양쪽에서 호위한 7인)
장성택, 김기남, 최태복, 리영호, 김영춘, 김정각, 우동측

고위 장교, 리충혁(가명) 전 조선로동당 평양시당 고위 간부 등 일곱 명이었다.

김정은 집권 초기엔 아버지 김정일이 준비해놓은 사람들이 대거 포진해 있었다. 김정일의 관을 들었던 이른바 '운구 7인방'이다. 당과 군의 요직에 있으면서 선대에 공헌했던 공신들로 강한 상징성을 지니고 있다. 이들이 바로 김정은의 초고속 세습을 도왔다.

김정일 사망 이후 김정은 후계 구도는 이미 갖춰져 있던 후견인 그룹이 진행했다. 이들이야말로 당대 북한 최고의 실세였다. 그중에는 국방위원회 부위원장 장성택, 조선인민군 총참모장 리영호, 조선인민군 원수 김영춘, 조선인민군 차수 김정각, 선전선동부 부장 김기남, 국가안전보위부 1부부장 우동측이 포함되어 있었다.

김정일이 아들을 위해 후견인 그룹을 만들 때 가장 역점을 둔 부분은 무엇이었을까? 북한은 기본적으로 김일성의 항일 빨치산 무장투쟁을 정통성으로 해서 세워진 나라다. 그렇기에 군부를 어떻게 통제하느냐가 중요할 수밖에 없다. 김정일이 가장 공을 들인 부분도 바로 군부 통제를 어떻게 할 것인가 하는 문제였다. 실제 운구 7인방 중에서 리영호, 김영춘, 김정각, 우동측 등 네 명이 군부다. 군의 전폭적인 지지와 지원을 받으면서도 상호 견제할 수밖에 없는 구도를 만든 것이다.

김정일이 역사의 뒤안길로 사라진 후, 김정은이 북한의 최고 통치자 자리에 올랐지만 전권을 장악할 수 있는 직책이 아니었다. 자신의 의지와 상관없이 후견인들과 함께 통치해나가야만 했다. 초기 6개월의 기간이 김정은과 후견인들의 공동 통치 기간이라고 할 수 있다. 김정은은 2011년 12월 30일 최고사령관으로 추대되면서 전시체제로 북한을 관리하게

| 김정은 초기 6개월은 김정은과 후견인들의 공동 통치 기간이라 할 수 있다.

된 이후 2012년 4월 당대표자회와 최고인민회의를 통해 로동당 제1비서, 국방위원회 제1위원장으로 등극했다. 당 규약과 헌법을 개정하고 유일영도체제를 완성한 것이다.

리영호와 장성택의 숙청이
의미하는 것

나는 새도 떨어뜨린다고 할 만큼 힘이 대단했던 운구 7인방이지만, 사라졌다가 최근 모습을 드러낸 김정각을 제외하면 이들 중 김정은 옆에 남아 있는 사람은 없다. 김정은과 후견인 그룹의 밀월 기간이 끝나자 대대적인 숙청이 시작됐다. 측근을 친위 세력으로 재구축하는 친정체제를 강화하는 과정에서 후견인 세력은 김정은 입장에서 보면 양날의 칼과 같은 존재였다. 정권을 장악하는 데는 도움이 됐지만, 언젠가는 위협이 될 수 있기 때문이다.

가장 먼저 숙청의 대상이 된 사람은 김정일 영결식 당시 운구차 맨 앞에 섰던 리영호 조선인민군 총참모장이다. 그는 김정은 체제가 출발한 지 불과 7개월 만에 숙청됐다. 리영호 숙청이 의미하는 것은 무엇일까? 곽길섭 전 국가정보원 대북정보관과 조성렬 국가안보전략연구원 수석의 말을 들어보았다.

곽길섭
전 국가정보원 대북정보관

"리영호는 지금 표현으로 흙수저였습니다. 뼛속까지 군인이라는 말을 듣는 순수 야전군 출신으로, 비록 출세는 했지만 배경으로 보면 고리가 약한 셈이었죠. 게다가 그는 김정은이 김일성군사종합대학에서 공부할 때 포병학을 가르친 스승이었습니다. 그런 그를 가장 먼저 제거한 것은 나는 아버지가 짜놓은 구도대로 움직이는 꼭두각시가 아니다, 나의 정치를 하겠다 하는 의지를 보여주는 거라고 생각합니다."

조성렬
국가안보전략연구원 수석

"김정은 시대에 들어와서 리영호나 현영철 같은 군부 실세들을 제거하고 당의 주요 인물들을 군의 요직에 배치하기 시작했습니다. 기본적으로 사회주의 국가는 당이 지배하는 국가 형태입니다. 김정은은 사회주의 당 국가를 복원하는 일련의 과정을 거치고 있는 것으로 보입니다."

김정일의 각별한 신임을 받았던 군부 최고 실세 리영호를 숙청한 김정은은 아버지의 사람들을 차례대로 퇴장시켰다. 리영호 숙청 이후 어떤 인물들이 부각됐을까?

아버지의 사람들이 밀려난 자리는 고모부 장성택의 가족과

측근들로 채워졌다. 이때가 장성택의 전성기였다. 하지만 전성기는 길지 않았다. 김정은은 최고 권력자로 거침없이 힘을 휘둘렀다. 2013년 12월 고모부이자 북한 권력 이인자였던 장성택을 조선민주주의인민공화국 국가안전보위부 특별군사재판을 진행해 공개 처형한 것이다.

2008년 김정일이 뇌졸중으로 쓰러졌을 때 장성택 부부는 김정일이 없는 15일 동안 위기관리를 훌륭하게 해냈다. 김정일 사망 이후에도 장성택은 국정관리 경험이 전무한 김정은을 잘 보필했다. 리영호 숙청 이후 권력의 핵심으로 부각

▎장성택의 처형은 북한에서도 충격적인 사건이었다.

된 인물 또한 장성택이었기에 그의 처형은 북한에서도 충격적인 사건이었다. 그러나 그의 숙청에는 또 다른 이면이 있다. 라종일 전 국가정보원 제1차장도 같은 의문을 품은 듯했다.

라종일
전 국가정보원 제1차장

"장성택 숙청에는 보통의 숙청과 다른 점이 있는 것 같습니다. 대개는 숙청이 한 사람으로 끝났는데 장성택은 리용하 로동당 행정부 제1부부장, 장수길 전 인민보안부 장성 등 여러 사람이 함께 숙청되지 않았습니까?"

북한 권력의 이인자라고 불리던 장성택이었으니만큼 그의 숙청이 의미하는 바는 북한의 권력 이동을 보여주는 상징적인 사건이라고 해도 과언이 아닐 터였다. 핵심 중의 핵심, 권력 계층의 노른자를 차지하고 있던 고모부를 제거하면서 김정은이 원했던 것은 무엇일까?

이에 대해 윤미량 전 통일부 남북회담 상근대표와 리충혁 (가명) 전 조선로동당 평양시당 고위 간부는 각각 이렇게 대답했다.

윤미량
전 통일부 남북회담 상근대표

"혼자가 아닌 여러 사람을 숙청한 것, 그 부분이 오히려 장성택을 숙청할 수밖에 없는 이유였다고 봅니다. 장성택의 사람이라고 불리는 사람들이 행정과 재정 분야를 장악하고 있었기 때문이죠. 우리나라에서 북한을 볼 때 사회주의 국가의 틀로 보면 혼동을 일으키기 쉽습니다. 엄밀하게 말하자면 현재 북한은 왕조 국가입니다. 왕조 국가이기 때문에 왕이 공식적으로 즉위하고 나면 사실은 장성택도 고개를 숙였어야 하는데 그 부분이 조금 늦어진 거죠."

리충혁(가명)
전 조선로동당 평양시당 고위 간부

"장성택에 대해선 우리가 여기서 보는 것과 북한 내부에서 보는 것에 확연한 시각 차이가 있습니다. 그는 당시 사법과 검찰을 모두 손에 쥐고 있었습니다. 국가법으로 특별재판을 받고 마지막에 체포됩니다. 이는 곧 '사법검찰은 나한테 대들 수 있는 체제가 아니다'라는 것을 보여주는 거죠."

장성택 숙청은 김정은 정권의 가장 큰 분기점이 됐다. 아버지 김정일 시대의 대표적인 공신 리영호와 장성택까지 숙청한 김정은은 집권 2년 만에 명실상부한 북한 최고지도자로 자리매김했다. 권력의 핵심도 기존의 인물들에서 새로운 인물들로 이동하기 시작했다. 장성택의 숙청 전과 후, 북한 권력 구도에 어떤 변화가 일어났는지는 사회연결망을 보면 더욱 두드러진다.

분석 결과, 군사 분야의 경우 1위부터 4위까지 전원 교체된 것을 알 수 있었다. 눈여겨봐야 할 점은 정치, 사회, 경제 등

장성택 숙청 전   장성택 숙청 후

1 현영철   1 황병서
   조선인민군 총참모장   조선인민군 총정치국장

2 김영철   2 리영길
   조선인민군 정찰총국 총국장   조선인민군 작전총국 총국장

3 김경옥   3 리병철
   조선노동당 중앙군사위원회 위원   조선노동당 군수공업부 부부장

4 박정천   4 박영식
   조선인민군 포병국장 (상장)   조선인민군 대장

▌ 장성택 숙청 전후 북한 군사 분야 권력 구도

여러 분야에서 군 관계 인물이 대폭 줄어들고 당 관료로 바뀌
었다는 것이다. 신구 세력의 교체가 명확하게 보이는 대목이
며, 김정일에서 김정은의 시대로 바뀌었다는 것을 시사한다.

　김정일 시대에는 세계적으로 사회주의 체제가 붕괴하고 북
한이 경제적으로도 매우 어려움을 겪던 때였다. 김정일은 권
력을 유지하기 위해 선군정치*를 내걸었다. 군에 대한 당적
지도가 유지되긴 했지만 군부 인사들이 주요 권력을 차지하
는 형세였다.

＊ 先軍政治. 군대가 국가의 기본이라는 북한의 정치사상

그러나 김정은은 리영호를 필두로 군부 실세를 제거하고 당의 주요 인물들을 군 요직에 배치하면서 사회주의 당 국가를 복원하는 길을 걷고 있다. 선군정치 슬로건을 내리진 않았지만, 실질적으로는 자신의 인물들로 확실히 교체하고 있는 것이다. 북한의 권력 이동은 중대한 정치적 사건이다.

2018년 북한의 권력 지도

2017년 10월 7일 북한 로동당은 제7기 당중앙위원회 제2차 전원회의를 개최해 대폭적인 권력 엘리트 교체를 단행했다. 변화된 권력 지형의 주요 특징을 살펴보면 다음과 같다.

첫째, 권력 분점을 용납하지 않는 유일영도체제의 재건이다. 이는 잠재적 도전 요인이 될 수 있는 인적·조직적 거점을 분쇄하면서 이뤄졌는데, 특히 군에 대한 견제가 강력했다. 리영호, 현영철 등의 숙청과 더불어 다양한 죄목으로 인민무력상 여섯 명, 총참모장 다섯 명이 교체됐다.

김정은 공안통치의 최선봉장 역할을 맡아온 국가보위상 김원홍의 강등 및 해임과 보위성의 고위급 간부 다수를 처형한 일은 위협이 될 수 있는 권력 조직을 말살하기 위한 것으로 보인다. 김정은 시대 최측근 그룹으로 부상한 삼지연 8인방[※]의 일원이었던 김원홍의 해임 또한 반복된 숙청 과정에서 권력을 집적해온 것에 대한 견제가 주목적이었다.

최룡해의 주도하에 조직지도부가 군 총정치국에 대해 대대적인 검열을 실시했는데, 이는 거의 20년 만의 일이었다. 또한 조직지도부 제1부부장 출신으로 위세를 떨치던 황병서 총정치국장의 처벌, 보위상에서 해임된 후 총정치국 부국장으로 좌천됐던 김원홍에 대한 처벌과 경질설 또한 들려왔다. 이는 조금의 빈틈도 허락하지 않는 김정은의 치밀함을 보여주는 사례다.

둘째, 유일지도체제 재건을 위해 당의 위상을 재구축하는 일이다. 김정은은 세습 이후 유일체제 확립에 중대한 영향을 미칠 수 있는 인사 및 조직 개편과 주요 국가 정책에 대한 결정은 당대회 및 당대표자대회, 당중앙위원회 전원회의, 정치

※ 2013년 김정은과 함께 삼지연에서 장성택 숙청을 모의했던 여덟 명의 인물(황병서, 마원춘, 김원홍, 김양건, 한광상, 박태성, 김병호, 홍영칠)

국회의 같은 당 의결기구를 통해 처리하고 있다.

당을 통한 수령체제의 재건은 조직지도부와 선전선동부의 위상 강화로 이어진다. 특히 '당 안의 당'으로 불리는 조직지도부는 숙청으로 상징되는 공포 정치를 기획하며 유일지도체제 구축에 막강한 영향력을 발휘했다. 유일지도체제를 효과적으로 운영하고 관리하기 위해서는 김정은과 조직지도부의 공생이 필수다. 다시 말해, 김정은의 권력 독점이 강화될수록 조직지도부의 권위가 강화되는 공존의 관계가 성립되는 것이다.

이에 따라 조직지도부 주요 간부의 약진도 두드러진다. 조직지도부 신구 세대 대표주자 김경옥과 조용원은 권력 엘리트들의 잦은 숙청과 경질에도 여전히 자기 자리를 굳게 지키고 있다. 조연준, 조용원과 함께 조직지도부의 중추세력이자 김정은 '비선 실세' 3인방 중 한 명으로 지목된 박태성도 그렇다. 그는 평남 도당 위원장을 거쳐 로동당 제7기 2차 전원회의에서 정치국 위원으로 승진하며 중앙당으로 복귀했다.

셋째, 김정은 유일체제 확립을 위한 권력 엘리트의 재구성이다. 이미 김정은은 기존의 엘리트 세력이라고 할 수 있는 원

로들을 숙청했다. 김정일 시대 최고 엘리트이자 김정은 세습 초반 후견 세력으로 위세를 떨쳤던 운구 7인방, 즉 장성택 국방위 부위원장, 리영호 총참모장, 김영춘 인민무력부장, 김정각 총정치국 제1부국장, 우동측 안전보위부 제1부부장, 김기남 선전선동부장, 최태복 최고인민회의 의장을 대부분 처리한 것이다. 다만, 김정각은 이후 군 총정치국장으로 복권됐다.

이 밖에도 현영철 인민무력부장, 김용진·최영건 내각 부총리, 변인선 총참모부 작전국장 등 최고위급 간부 140여 명을 처형한 것으로 추정된다. 김정남 피살도 유사한 맥락에서 살펴볼 수 있다. 김정일의 장남이라는 혈통적 정통성은 김정은 유일독재에 대한 잠재적 위협 요소이기 때문이다.

숙청의 칼날을 피했다 하더라도, 살아남은 자들 앞에는 고난의 길이 펼쳐졌다. 빈번한 인사 교체, 예측 불가능한 직무 이동, 수직 상승이나 좌천, 일상화된 감시와 규율, 국내 추방과 혁명화 재교육 등 길들이기 과정을 겪어야 했다. 끝이 없어 보이는 가혹한 부침 속에 복종과 충성심을 증명할 경우에만 목숨을 부지하여 무대에 다시 오를 수 있었다.

현재 가장 성공적인 적응을 보여준 인물은 최룡해다. 2014

년 실각과 더불어 혁명화 교육까지 거쳤던 최룡해는 로동당 제7기 2차 전원회의를 기점으로 눈부신 비상을 이뤘다. 당 중앙군사위원, 당 중앙위원회 부장으로 임명되면서 당 부위원장, 국무위원회 부위원장, 정치국 상무위원, 당 부장, 당 중앙군사위원, 최고인민회의 대의원 등 북한의 주요 권력기관 모두에 발을 들이며 명실상부한 서열 2위의 자리에 올랐다.

신세대 또는 주변부적 인물을 발굴하거나 믿을 만한 직계 가족을 파격적으로 등용하는 것은 널리 알려진 체제 강화 방법이다. 주변의 견제를 받을 수밖에 없는 이들로서도 굳건한 충성심으로 김정은과의 연결점을 놓치지 않는 것이 유일한 생존 수단이다.

로동당 제7기 2차 전원회의에서는 최고위급으로 진입한 신진 세력의 부상이 눈에 띈다. 당중앙위 부위원장, 정치국 위원, 전문 부서 부장(선전선동부장 추정) 등을 겸직하게 된 박광호가 대표적이다. 김여정이 그동안 선전선동부 부부장직을 수행해온 점을 고려하면, 같은 부서 부부장으로 일했던 박광호의 파격 승진에 어느 정도 역할을 한 것으로 보인다. 정경택과 장길성도 이 대열에 합류했다. 정경택은 정치국 후보위원과 군사위 위원 자리를 차지하며 김원홍을 대체해 보위상에 취임했고, 장길성은 군사위 위원과 정찰총국장에 임명된 것으로 알려졌다.

핵·미사일 개발 주무 부서인 군수공업부의 제1부부장 이병철을 당 군사위 위원으로 격상시켰고 김정식, 홍승무, 홍영칠 등 동 부서 부부장들과 리홍섭 핵무기연구소장 등 핵 개발 유공자들도 중용됐다. 국제사회에 맞서 핵 외교를 지휘해 온 리용호 외무상도 정치국 위원으로 승진했다. 김정은의 손과 발이 되어 움직일 이들이 앞으로 어떤 북한을 만들어갈지 귀추가 주목된다.

실리와 효율을 강조하는
젊은 정치

테크노크라트의 부상

          2016년 36년 만에 열린 제 7차 로동당 전당대회에는 새로운 얼굴들이 나타났다. 군사는 물론 경제, 정치 분야에도 새바람이 불면서 현장에서 잔뼈가 굵은 인물들이 수혈됐다. 젊고 실무에 밝은 이른바 테크노크라트※

※ technocrat. 과학적 지식이나 전문적 기술을 소유함으로써 사회 또는 조직의 의사결정에 큰 영향력을 행사하는 사람

들이 부각하기 시작한 것이다. 이는 이미 몇 년 전부터 예견된 현상이기도 하다.

김일성이 강력한 카리스마를 바탕으로 국정 목표를 정치사상 강국으로 잡았다면, 김정일은 군사 강국을 지향했다. 그리고 김정은이 선택한 길은 인민들의 생활을 안정시키는 경제 강국이다. 김정은은 2013년 3월 30일 당중앙위 전원회의에서 처음으로 육성을 공개하며 경제 건설과 인민 생활의 향상을 이야기했다. 북한 주민들에게 더는 허리띠를 졸라매지 않게 하겠다고도 했다. 그랬던지라 김정은으로서는 정치 전문가, 군사 전문가도 중요하지만 경제문제를 해결하기 위해 실용적인 인물을 발굴할 필요가 있었다. 경제 분야에서 실무 관료로 인정받은 인물들을 발탁해 자신의 국정 목표를 관철할 수 있는 테크노크라트들을 중임하는 것은 필연적인 흐름일 것이다.

오 수 용
조선노동당 중앙위원회 부위원장
조선노동당 경제부 부장
최고인민회의 예산위원회 위원장

한 광 상
조선노동당 중앙위원회 후보위원
조선노동당 재정경리부 제1부부장

리 재 일
조선노동당 선전선동부 제1부부장
조선노동당 중앙위원회 위원

마 원 춘
국무위원회 국장
조선노동당 재정경리부 부부장

조 용 원
조선노동당 조직지도부 부부장
조선노동당 중앙위원회 위원

▌테크노크라트로 부각된 인물들

라종일
전 국가정보원 제1차장

"새롭게 부상하고 있는 인물들을 보면 오수용, 한광상, 마원춘 같은 이름이 눈에 띄는데요. 실무에 강한 사람들이 등장하는 것 같습니다."

장광일(가명)
전 조선인민군 고위 장교

"단시간에 완료된 후계체제와 권력 승계, 그리고 유일영도체제의 구축 과정에서 가장 중요하게 여겼던 부분 중 하나가 김정은 시대의 정책 비전일 겁니다. 경제 강국 건설, 과학 강국 건설 등 여러 가지 정책적 비전이 나오죠. 이런 흐름에서 과거 경제 분야에서 실무 관료로 인정받았던 인물들이 대거 발탁됩니다."

리충혁(가명)
전 조선로동당 평양시당 고위 간부

"특히 마원춘을 보면 이를 잘 알 수 있습니다. 김정은은 철저하게 실무주의자, 실용주의자를 선호합니다. 마원춘은 그동안 여러 번 실수를 했는데도 여전히 건재하거든요."

마원춘은 어떤 건축물이라도 한 번 보면 원가를 분석해서 계산해내는 특출한 재능을 지닌 인물로 알려져 있다. 한 예로 김정은이 마원춘에게 "승마장을 지어야 하는데 부지가 얼마만큼 들겠는가"라고 물으니 그 자리에서 바로 계산해 답했다고 한다. 머릿속으로 한 계산이 90퍼센트 이상 정확했다고 하니 김정은도 그래서 마원춘을 아끼는 듯하다. 큰 실수를 하고서도 비판서로 대체하고 아직까지 살아남은 이유가 그것으로 보인다.

자신이 원하는 인재를 등용할 때 실용성과 효율성을 강조하는 김정은. 그러나 김정은의 실용성과 효율성은 범위가 넓다. 젊은 인재만 등용하는 것이 아니라 나이가 들었더라도 능력이 있으면 기용하는 모습도 보이기 때문이다. 한 가지 예로 태종수 전 부총리는 81세의 나이였지만 중화학 분야의 전문가라는 이유로 발탁되기도 했다.

과학기술 중시 노선

김정은이 내세우는 실용성 및 효용성과 관련해서 살펴봐야 할 부분이 한 가지 더 있다. 과학기술 중시 노선이다. 북한의 과학기술 노선을 중요하게 짚어야 하는 이유는 한반도 평화, 더 나아가 세계 평화와 직결되는 문제이기 때문이다. 북한은 핵과 관련해서 지속적으로 세계의 우려를 받아왔다. 힘을 과시하는 수단으로 핵을 내세웠기 때문이다. 각국 언론이 김정은을 '폭주하는 미치광이'로 표현할 정도였다. 과연 김정은은 세간의 평가대로 폭주하는 미치광이에 불과한 것일까?

김정은은 집권 이후 과학 기술자, 특히 핵미사일 과학 기술사에 대한 우대정책을 집중적으로 펼쳤고 모든 재원을 아낌없이 쏟아부었다. 평양의 미래과학자 거리엔 핵미사일 기술

▌ 김정은은 핵실험과 미사일 발사에 노력과 투자를 아끼지 않았다.

과학자들이 거주하고 있다. 6년 동안 네 번의 핵실험과 50여 회에 이르는 미사일 발사 등 핵무력이 완성 단계에 근접한 것도 이와 관련이 있다. 김정일 시대 18년 집권 동안 미사일을 20여 회 발사한 것과 비교하면 비교도 안 될 만큼 노력과 투자를 하고 있는 셈이다. 이런 과정을 통해 김정은이 얻고자 한 것은 무엇일까?

문상균
전 국방부 군비통제 차장

"북한 주민들이 자긍심을 갖게 하고, 김정은에 대한 존경심과
경외심을 불러일으켰죠. 결국 자신의 정권을 안정적으로 구
축하는 데 발판을 만든 것으로 볼 수 있습니다."

경제와 과학, 정치 분야에서도 실무에 밝은 인재들은 김정
은 정권이 안정적으로 구축되는 데 상당한 기여를 했다. 앞으
로도 이들은 김정은이 그리는 미래의 북한에 중요한 역할을
할 것이다. 그렇다면 이런 인재들은 어떻게 키워지고 어떤 경
로로 발굴될까? 북한의 교육정책에서 그 답을 찾아보았다.

교육개혁으로
인재를 키우다

북한의 교육제도

　　　　　　　　　북한의 교육정책은 이념과
내용 면에서 시기별로 변화를 겪었다. 해방 이후부터 1960
년까지는 마르크스–레닌주의 교육 이론에 바탕을 두고 소련
식 교육제도를 수용했다. 김일성 유일지배체제가 강화된 이
후 1961~1967년은 7년제 의무교육 시기로 주민들에게 김일
성주의를 심는 데 교육의 주안점을 두었다. 1967~1974년은
9년제 기술 의무교육 시기로 주체사상에 따라 북한의 독자성

을 본격적으로 강조하기 시작했다. 그리고 1975년 이후부터는 11년제 의무교육 시기로 유아교육에서 고등교육까지 김일성주의에 바탕을 둔 전반적 교육체제가 완성됐다.

북한의 교육을 말할 때 1977년에 발표된 김일성의 사회주의 교육에 관한 방향성을 중요하게 꼽는다. 교육을 공산주의적 인간을 양성하는 사상이자 문화교양의 무기로 규정하여 현대 북한 교육의 기본 방향을 결정했기 때문이다.

북한의 교육이념은 헌법 제43조에 명시되어 있다. 이른바 국가는 사회주의 교육학의 원리를 구현하여 후대를 사회와 인민을 위하여 투쟁하는 견결한 혁명가로, 지·덕·체를 갖춘 공산주의적 새 인간으로 키운다는 것이다. '공산주의적 새 인간'이란 북조선 인민의 혁명화, 노동계급화, 공산주의화를 의미하며 북한 사회가 필요로 하는 인간형을 양성하는 것을 목적으로 한다. 결국 총체적인 교육 목적은 '주체형 공산주의자'의 양성이다. 주체형 공산주의자는 한마디로 '사회정치적 생명을 더 귀중하게 여기는 자주적 인간'으로 규정되는데, '오직 당과 수령의 영도 밑에 혁명적 의리와 동지애로 굳게 뭉쳐 인민대중의 자주성을 실현하기 위한 공동 위업에 몸 바

쳐서 투쟁하는' 사람을 일컫는다.

2012년 학제 개혁으로 표면화된 김정은 시대의 교육정책은 2000년대 이후 북한의 교육정책을 계승한 것이다. 동시에 김정일 시대의 교육정책과는 뚜렷이 구분되는 차이점도 드러난다. 1990년대 경제난에 따른 공교육의 위기를 극복하기 위해 '교육에서의 실리주의'를 표방하며 교육의 전문성과 효율성을 강조한 것이다. 2013년 간행된 교육 관련 정기간행물 〈교원선전수첩〉에 실린 논문에 따르면 교육에서 실리주의를 구현하는 데 세 가지 중요한 요소를 제시하고 있다.

첫째, 나라의 구체적인 현실과 과학기술 발전 추세에 맞게 교육의 효율성을 최대한 높이는 방향에서 교육의 체계와 내용, 방법을 개선해나가는 것이다. 둘째 교육 사업을 실력 본위로 해나가는 것이다. 셋째, 발전하는 현실의 요구에 맞게 교육 사업을 과학화, 정보화하는 것이다.

이것이 의미하는 바는 무엇일까? 일단 기본적으로는 교육의 효율성과 경쟁력을 강화하고 정보화 사회로의 변화를 반영하는 교육을 지향한다는 점에서 이전 시기와 동일한 것처럼 보인다. 그러나 각 요소의 구체적인 설명에서는 이전과 다

른 점이 보인다. 예를 들어 교육의 효율성을 얘기하면서 지식
전수 위주의 교육에서 벗어나 '학생들이 탐구하고 지식을 발
견하는 교수, 자립적인 연구 능력으로 문제를 해결해나가도
록 하는 교수로 전환'해야 한다는 점을 강조한다.

김정은 시대 교육정책의 특징은 교육에 대한 김정은의 담
화, 교육 관련 신문과 정기간행물을 통해 재생산되는 교육
관련 담론, 구체적인 교육정책 등을 통해 분명히 드러난다.
2012년 4월 6일 발표된 담화에서는 다음과 같이 언급했다.

"교육 사업에 대한 국가적 투자를 늘리고 교육의 현대화
를 실현하며, 중등 일반 교육 수준을 결정적으로 높이고 대학
교육을 강화하여 사회주의 강성국가 건설을 떠메고 나갈 세
계적 수준의 재능 있는 과학기술 인재들을 더 많이 키워내야
합니다."

국가적 투자, 교육의 현대화, 중등교육 수준 향상, 대학교육
강화, 세계적 수준의 과학기술 인재 양성 등은 이후 구체적인
교육 담론으로 재생산되어 학제 개정을 비롯한 교육정책에
실질적으로 적용됐다.

교육정책 방향을 본격적으로 알린 담화문은 2014년 9월 5

일, 10년 만에 열린 전국교육일꾼대회에서 발표한 내용이다. 전민 과학기술 인재화를 실현해 21세기 사회주의 교육 강국이 되는 것을 새 세기 교육혁명의 목표로 제시하고 교육제도를 근본적으로 개선해 지식경제 시대에 맞는 실천형 인재를 육성할 것을 강조했다.

창조형·실천형 인재 양성

김정은의 교육 관련 담화를 보면 첫째 새 세기 인재의 유형으로 창조형·실천형 인재를 강조한다. 2000년대부터 북한에서는 지식 습득은 물론 사고력을 비롯해 지적 능력과 지식탐구 방법을 향상시키는 지능 교육을 통해 지식 수준과 창조력이 높은 인재를 양성해야 한다는 주장이 전개됐다. 정보산업 시대에 발맞춰 인재를 양성하겠다는 취지다. 이에 따라 최근에는 정보산업 시대와 함께 지식경제 시대라는 시대 진단이 부각되고, 창조형 인재가 교육을 통해 함양해야 할 능력으로 창조적 능력, 자기주도학습 능력, 연구 능력, 지식활용 능력 등이 강조되고 있다.

2012년에 북한에서 발행된 고등교육 6호에 실린 글에 따르면 지식경제 시대가 요구하는 창조형 인재는 '배운 지식을 재현시키는 데 머무르는 게 아니라 축적된 지식에 토대하여 제 머리로 착상설계하고 새것을 발명, 창조할 줄 아는 사람'이며 '튼튼한 기초학력과 복합형의 지식 구조, 높은 정보 소유 능력과 경쟁 능력, 협동 능력을 가진 사람'이다.

학습 과정에서도 학생들의 참여도를 높이기 위해 교수법과 교과서 집필체계를 개선하는 움직임이 있었다.

김정은 집권 이후 교육 부문에서 이뤄진 첫 번째 가시적인 개혁이 학제 개편이다. 북한은 최고인민회의 제12기 6차 회의에서 교육제도를 정비했다. 그동안 시행해오던 11년 의무교육 기간을 1년 연장해 12년으로 바꾸는 법령도 채택했다. 1975년부터 시행된 의무교육제도를 바꾼 것이기에 최고인민회의를 개최할 정도로 중요한 사안이었을 것이다. 새 제도를 공표한 법령은 서문에서 교육 사업이 나라의 흥망과 민족의 장래를 좌우하는 근본 문제라고 규정했다. 새 교육제도는 소학교 입학 전 1년, 소학교 5년, 초급과 고급 중학교 각각 3년으로 구성된다.

▎북한은 12년 의무교육을 무료로 실시하고 있다.

　2012년 학제 개편은 정치적 동의 창출과 교육 정상화라는
두 가지 효과를 의도한 것이다. 첫째는 교육과 아동에 대한 관
심이 컸던 김일성의 이미지를 그대로 가져가면서, 인민 생활
안정을 위한 실질적 경제 조치를 대체할 만한 정치적 카드로
교육 문제를 활용한 것으로 보인다. 북한에서는 해방 후 1960
년까지 의무교육의 확대를 김일성의 주요 업적으로 꼽는 한
편, 1970년대 이후 의무교육의 확대와 교육개혁은 김일성과
김정일의 공동 업적으로 내세운다. 김정은은 12년제 의무교
육을 도입함으로써 전통을 이어간다는 이미지를 확실히 보
여줌과 동시에 북한 주민의 지지를 획득하고자 하는 것이다.

둘째는 현재 북한 교육의 수준이 낮은 상태에서 초등교육 기간을 연장함으로써 교육 수준을 향상시키고 초기 중등교육과 후기 중등교육을 분리해 학습 효과를 높이겠다는 취지다. 학제 개정 이후 북한 교육의 변화에 관해 〈조선신보〉[*]는 중등교육을 강화함으로써 학생들의 기초학력을 높이는 데 주력하게 됐다고 보도했다.

2000년대 들어 소학교 교육과정에 '영어', '콤퓨터' 등의 과목이 신설되면서 수업 부담이 커진 것도 이유 중 하나로 꼽힌다. 이러한 과목은 시대의 요구에 맞는 지식의 습득이 중요해지면서 신설됐는데, 특히 고등교육과 생산 현장으로 이어지는 후기 중등교육 단계에서 중요시되고 있다.

유치원은 기본적으로 2년이며, 낮은 반과 높은 반으로 나뉜다. 1972년 9월 이후 만 5세 어린이들을 대상으로 높은 반 1년이 의무교육화됐다. 유치원 전 단계의 탁아시설인 탁아소에서 아이들을 집단적으로 양육하는데, 어릴 때부터 단체 생활에 익숙해지게 하고, 사상교육을 통해 사회주의적 인간 양

※ 재일본 조선인총연합회 기관지로 일본 유일의 북한계 신문이다.

성의 기초를 닦는다. 1995년 중반부터는 어려서부터 충실성 교양 교육을 잘 해야 한다는 제하의 자녀교육 지침서를 제시해 유아들의 사상교육을 강화하고 있다.

초등교육기관인 소학교의 취학 연령은 만 6세 아동이며, 행정위원회에서 학령 아동을 조사하여 입학통지서를 발부한다. 취학률은 98퍼센트를 넘는다. 초등 의무교육제 실시로 학교에 보내지 않으면 법에 따라 처벌받기 때문이다.

국어 과목은 김일성 우상화, 혁명 전통과 혁명정신 함양, 당과 조국에 대한 충성심 강조, 반미감정 앙양과 투쟁의식 고취, 반일사상 고취, 사회주의 애국주의 고취, 선전 등과 직결된 내용으로 편성된다. 수학은 1학년 때는 100까지의 수 인식, 시계 보기, 1미터까지의 길이 인식 등을 교육 내용으로 한다. 수의 구조적 개념보다는 계산 위주의 실용적 수학 교육을 중점적으로 한다. 계산 문제의 소재를 정치나 경제, 군사 문제에서 인용한다는 점도 중요한 특징 중 하나다. 수학 용어 중에는 남한과 다른 것도 꽤 많다.

중등교육기관은 현재는 중학교이지만 시대에 따라 많은 변화를 겪어왔다. 1958년 중학교까지 7년 의무교육을 시행하면서 중등교육의 기틀을 잡았다. 이때는 초급중학교 4년과 고급중학교 2년으로 나뉘었다. 1960년 더 깊이 있는 기술 교육을 위해 2년제의 기술학교와 고등기술학교를 신설했다. 1967년 학제를 개편하면서 초급중학교를 없애고 5년제 중학교로 재편성했고 기존의 기술학교를 폐지하고 5년제의 고등기술학교로 바꾸었다. 이후 5년제 중학교, 2년제 고등학교로 이어지다가 1980년대에 중등반 3년, 고등반 3년인 6년제 고등중학교로 바꾸었다. 그리고 2002년 9월 학기제 실시와 함께 이름을 중학교로 바꾸어 오늘에 이르고 있다.

1946년 김일성종합대학을 시작으로 함흥의과대학, 흥남공업대학, 해주교원대학 등을 신설해 6 · 25 전까지 15개 대학이 있었다. 이후 1956년에는 19개로 늘었고, 1960년 8월 당확대전원회의에서 공장대학 설립령에 따라 기업소에 24개의 공장대학을 신설하기도 했다. 1970년대부터 매년 대학을 약 10개씩 늘려 1989년엔 270여 개가 됐다.

김일성종합대학은 북한 최고의 대학이다. 당의 유일사상체제가 확고히 서고, 계급적 각성이 높으며, 당과 혁명을 위하여 충실하게 복무할 수 있어야 입학 조건이 갖춰지며 입시

| 김일성종합대학

경쟁도 치열하다.

　북한의 대학은 순수한 학문 연구만을 위해 존재하지 않는
다. 당 정책이 교육과정에 큰 영향을 미치며, 당 정책을 떠나
선 대학도 있을 수 없다는 말까지 있다. 대학생의 일과는 거
의 군대를 방불케 한다. 개인 생활을 가질 여유는 거의 없고,
모든 행동은 집단주의원칙에 따르며 단체 생활을 한다. 아침
8시부터 30분간 독보회*를 갖는다. 주요 내용은 정치사상교

※ 사람들 앞에서 신문 따위의 교양 자료를 소리 내어 읽으면서 정책과 시사 문제 등을 해설
하는 모임

육으로 김일성과 김정일 찬양, 혁명성·직급성·인민성을 고취하는 주제가 주로 다뤄진다. 북한 대학생들은 90퍼센트 이상이 기숙사 생활을 하는데, 기숙사 각 층에는 층장이 한 명씩 있고 방마다 당성이 좋은 자와 나쁜 자, 성적이 우수한 자와 뒤처지는 자 등이 고르게 4~6명씩 배치된다.

군사 생활도 빼놓을 수 없는 일정이다. 특히 김일성종합대학에는 군사 강좌 담당 교관이 50여 명이나 있다. 매 학년 280시간의 군사이론과 군사기술 과목을 이수해야 하며 학기 말에는 10일간의 야외 군사 훈련이 실시된다. 졸업 전에는 1개월간의 총기 사용 훈련을 필수적으로 받아야 한다.

필수 과목이 된 영어

교육에 유난히 관심을 보이는 김정은은 10대 때 스위스 제네바 국제학교에서 유학한 경험이 있다. 그 경험이 젊은 세대를 발굴하고 등용하는 데 영향을 미쳤을 것이다. 그가 목표로 하는 경제 강국과 과학기술 강국은 인재 강국이기도 하다. 교육혁명을 통해 인재 강국

▌영어를 배우고 있는 평양의 한 학교 내부

을 건설하겠다는 그의 의지는 어떻게 실행되고 있을까?

제작팀은 평양의 학교 내부를 알 수 있는 한 가지 영상을
입수했다. 무척 흥미로운 영상이었다. 학생들이 열심히 공부
하는 과목이 영어였기 때문이다. 학생들은 일주일에 두 시간
씩 영어 수업을 받으며, 읽고 말하는 능력을 키우는 것이 핵
심이다.

열심히 공부하는 이들은 학생들만이 아니었다. 영어 교사
가 되려면 해외 유학은 기본이었다. 학생들의 영어 실력 향상
을 위해 교사도 엄격하게 선발하기 때문이다. 북한에서는 어
느덧 영어가 필수 과목이 되었다. 필요하다면 전폭적인 지원
을 아끼지 않는다는 점은 교육 분야에서도 마찬가지였다. 과

거 엘리트 계층의 제1 외국어가 러시아어였다는 점을 고려하면 시대의 변화에 따른 김정은의 실용 노선을 엿볼 수 있다.

그렇다면 다른 외국어 교육은 어떨까? 북한에서는 중국어도 교육정책 내용에 포함되어 있다. 대외 정책에서 중요한 외국어이기 때문이다. 국가적으로 장려한 덕에 개인들의 중국어 교양 열풍도 예전보다 높아졌다고 한다.

사실 영어 교육은 김정은 시대에 새롭게 등장한 것은 아니다. 1970년대 이후부터 초등학교 수업에서 영어 교육이 이뤄졌다. 북한의 대학에서도 제1 외국어는 영어이고 제2 외국어를 중국어, 일본어, 러시아어 등에서 선택할 수 있다. 외국어대학에서는 전문성을 기르기 위해 자기 전문 분야를 더 깊이 있게 공부하지만, 김일성종합대학이나 그 밖의 상업대학 또는 경공대학 등에서는 제2 외국어를 필수가 아닌 선택으로하게 되어 있다. 어쨌거나 예전에 비해 영어 열풍이 거세진것은 확실해 보인다.

그렇다면 김정은이 영어 교육에 관심을 쏟는 이유는 무엇일까? 1990년대 북한은 이른바 '고난의 행군'* 시대를 맞으며저출산 사회로 변화했다. 아마 북한도 20년 후엔 노동력이 부족한 상황이 될 것이다. 이제 값싼 노동력만 앞세울 게 아니라 비싼 인재를 양성해 지식경제 시대를 맞이할 수밖에 없게 된 것이다. 영재교육 등의 필요성이 대두된 이유도 여기에 있다. 북한이 현재 내걸고 있는 지식경제 시대의 진입을 위해서라도 영어 교육을 강화할 필요가 있었을 것이다.

이런 일련의 과정을 통해 김정은의 속마음을 추측해볼 수 있을 듯하다. 비핵화 선언을 하면서까지 이루고 싶은 경제 강국을 위해 사회 저변에서부터 변화를 모색하고 있는 것이다. 이런 결론을 얻기까지 그는 어떤 사고 과정을 거쳤을까? 아버지와는 다른 길을 걷기로 한 김정은, 그는 의외의 '누군가'로부터 해답을 찾은 것처럼 보인다.

※ 북한이 국제적 고립과 자연재해 등으로 극도의 경제적 어려움을 겪던 1990년대 중·후반에 어려움을 극복하기 위해 제시한 구호

김정은이 꿈꾸는
경제 강국을 위한 로드맵

김정은이 백두산에 간 이유

2017년 12월 8일, 김정은은 백두산에 올랐다. 지난 2013년 12월 장성택을 처형하기 직전과 2014년 11월 김정일의 3주기 탈상을 앞두고 백두산을 찾은 후 세 번째 행보였다. 그는 중요한 결정을 내리기 직전 백두산을 찾아 시찰을 하는 것으로 알려졌다. 백두산은 그에게 어떤 의미가 있는 장소일까?

김정은 위원장의 통치 스타일이 김일성의 리더십을 닮았다는 평가가 많다. 통치 기반의 상당 부분을 할아버지에게 의지하고 있다고 볼 수 있을까? 일단 외모만 봐도 비슷하다. 사진으로 보면 김정은 집권 1년 차, 그러니까 살이 많이 찌기 전에는 김일성이 1945년 소련군 환영 평양 시민대회에 나와서 연설하던 시기 그리고 심지어는 항일 유격대 시절의 모습과 굉장히 닮았다. 일부에서는 김일성을 닮기 위해 성형수술을 했다는 이야기까지 나왔다.

고령의 탈북자들 이야기를 들어보면 진심으로 김일성을 존경한다는 것을 알 수 있다. 탈북은 했지만 여전히 김일성을 존경하는 것이다. 김일성이 무장독립투쟁을 통해 민족을 해방시켰냐 아니냐를 떠나서 북한 주민들은 김일성의 정당성을 받아들이고 인정하고 있다.

김일성이 북한 주민들의 마음을 움직일 수 있었던 또 한 가지가 토지개혁이다. 그는 전쟁 전 신속하게 토지개혁을 해서 많은 소작농과 빈민들에게 땅을 나누어주었다. 그때 많은 농민이 김일성에게 마음이 기울었다. 한국전쟁이라는 참혹한 비극을 거치면서도 북한 정권이 살아남을 수 있었던 것은, 중공군의 개입도 있었지만 토지개혁을 통해 많은 농민이 김일성을 지지하게 됐기 때문이다. 게다가 한국전쟁 이후 북한은 1950~1960년대에 20퍼센트 가까운 경제 성장을 기록했다. 세계적으로도 높은 수치의 성장률이었다.

　1972년까지 남한보다 북한이 잘살았기에 북한 주민들은 여전히 1970년대가 전성기 혹은 황금기였다고 기억한다. 김일성에 대해서도 자신들을 잘 먹이고 민족도 독립시켰다는 점에서 존경의 마음을 갖고 있다. 이렇듯 북한 사회 전반적으로 김일성에 대한 추억이 남아 있고, 그 시대로 돌아가고 싶어 하는 복고적 욕구가 있다. 김정은이 그런 점을 모를 리 없다. 그래서 경제난을 겪었던 아버지 김정일 시대를 떠올리게

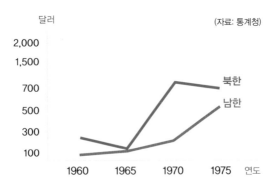

〈1970년대 남한과 북한 사이의 1인당 국민총생산 비교〉

하기보다 황금기였던 김일성 시대를 회상시키는 정책을 펴는 것이 아닐까?

그러나 지금은 분명 김일성 시대와는 여러 가지로 달라진 상황이다. 현재 북한이 당면한 문제를 풀어나가기 위해서는 단순히 스타일을 흉내 낸다고 해서 될 일이 아니다. 과연 김정은의 '김일성 따라 하기'는 얼마만큼의 효과가 있을까?

실제로 김일성이 다시 태어났다는 환생 효과를 자극해서 북한 주민들이 지도자를 중심으로 뭉칠 수 있는 모멘텀 역할은 충분히 한 것으로 보인다. 이에 대해 곽길섭 전 국가정보원 대북정보관의 말을 들어보았다.

곽길섭
전 국가정보원 대북정보관

"김정은의 첫 연설이 과거 김일성 시대처럼 다시는 배를 곯지 않게 하겠다는 것이었어요. 그 말을 김정은 입으로 직접 했거든요. 그 상황에서 보면 북한 주민들은 김일성이 다시 태어났다는 느낌을 가졌을 겁니다. 실질적으로 김정은이 북한이 핵 보유 강국이 되어서 더 잘살 수 있다는 생각을 심어줬기에 지금까지는 나름대로 성공했다고 봅니다."

　김정은이 북한 주민들에게 처음 공식적으로 얼굴을 보인 게 2010년 9월이었다. 제3차 당대표자회를 통해 김정일의 아들이자 후계자라는 것을 알렸는데 당시의 충격이 컸다고 전해진다. 다들 김일성이 환생한 것처럼 여겼다는 것이다.

　오늘날 김정은이 수령 지위를 가지고 최고 영도자로서 자리를 잡은 기본 배경에는 체제의 특성이나 속성 등 여러 가지 부분이 있었을 것이다. 그러나 김정은이 태생적으로 가지고 나온 무기 중 가장 큰 무기가 바로 김일성의 모습을 빼닮았다는 것이다. 그리고 북한은 이것을 선전 · 선동 전략으로 잘 활용했다. 일각에서 평가된 이상으로 김일성과 김정은을 고도로 연결시키며 그 효과를 북한의 권력층은 물론 주민들에게도 각인시켰다. 백두혈통의 뿌리로서 정통성을 확보한 만큼 김정은은 탄탄한 입지를 구축하게 된 것이다.

김일성을 벤치마킹하다

　　　　　　　　　　　김정은은 이미지 메이킹뿐
만 아니라 권력 장악 과정에서도 상당 부분 김일성을 벤치마
킹했다. 시기와 과정, 상황적 요건이 다르기는 하지만 큰 흐
름에서는 유사점이 많다. 김일성은 권력을 장악했던 1946년
에서부터 1967년 사이에 연안파(延安派), 소련파(蘇聯派), 남
로당(南勞黨)계, 갑산파(甲山派)까지 숙청하고 유일사상을 구
축한 후 수령체제를 완성해갔다.

　연안파는 조선민주주의인민공화국의 한 정파로 1950년대
에 숙청됐다. 연안파라는 이름이 붙은 이유는 중국국민당과
행동을 함께했던 임시정부 세력과 달리 중국공산당 지도부
가 있던 옌안을 중심으로 공산주의 운동을 하다가 귀국한 세
력이 중심이었기 때문이다. 주요 인물은 김두봉, 최창익, 무
정, 박일우, 한빈, 윤공흠, 서휘, 방호산 등이다. 이들은 일본
강점기에 중국에서 항일투쟁을 전개했으며, 1942년 7월 중국
산시성 타이항산에서 조직된 화북조선독립동맹과 조선의용
군에서 활동했다. 1950년 한국전쟁 이후 북한 사회주의 건설
의 노선을 둘러싸고 김일성과 대립하다가 1956년 8월 종파

사건*을 기점으로 대부분 당에서 축출되거나 숙청당했다.

소련파는 연안파와 마찬가지로 조선민주주의인민공화국의 한 정파였다. 한국전쟁과 8월 종파 사건 때 연안파와 함께 거의 대부분 숙청됐다.

남조선로동당(南朝鮮勞動黨, 남로당)은 1946년 11월 조선공산당과 남조선신민당, 조선인민당이 합쳐져 만들어졌다. 여운형이 초대 위원장, 박헌영이 부위원장을 맡았는데 당내 주도권 문제를 놓고 다투다가 여운형이 탈당했다. 이후 1946년 8월 결성된 북조선로동당과 합당해 조선로동당으로 흡수됐다. 1947년 월북한 박헌영은 북한 정권 수립에 참여해 공화국 내각 부총리 겸 외무장관으로 선출됐다. 하지만 1952년 8월 '북조선 정권 전복 음모와 반국가적 간첩 테러, 선전선동 행위에 대한 사건'의 배후자로 지목돼 가택 연금을 당했다. 이후 1953년 3월 '미제의 스파이', '반당 종파분자' 등의 죄목으로 체포되어 3년 후 처형됐다.

이로써 갑산파가 남로당파, 소련파, 연안파 등을 몰아내고

---

* 1956년 6~8월 조선로동당 중앙위원회 전원회의에서 발표된 '반당 반혁명적 종파음모 책동' 사건으로 8월 숙청 사건이라고도 한다.

북한의 정권을 장악했다. 이들은 일본 강점기에 국내에서 활동한 공산주의자들로, 갑산파라는 이름은 보천보 전투가 일어났던 함경남도 갑산군에서 따온 것이다. 해방 후 1950년대까지의 빨치산파, 김일성파와 같은 개념으로 쓰였다. 이들은 김일성 유일사상이 자리 잡기 전 실학 등에 관심을 갖고 있었다. 그러다가 1967년 로동당 제4기 15차 전원회의에서 당 간부들에게 《목민심서》를 읽게 하고 실학을 높게 평가하는 등 부르주아사상과 수정주의, 봉건 유교사상을 퍼뜨렸다고 비난을 받고 숙청당했다.

갑산파를 숙청한 김일성은 자신의 생일을 국가 명절로 지정하는 등 개인 우상화에 박차를 가했고, 황장엽 등을 동원해 김일성 유일사상인 주체사상을 체계화하여 일당 독재체제를 1인 세습 독재체제로 이어가는 기틀을 마련했다. 갑산파의 소멸로 1인 독재를 견제할 수 있는 세력이 완전히 제거됨과 동시에 김정일 후계체제가 강화됐다.

김일성이 걸림돌이 되는 인물들을 차례로 숙청해나간 것처럼, 김정은도 비슷한 행보를 보였다. 후견 세력을 우선 제거하고 혁명화 교육이나 숙청, 강등, 복원, 복권 등 다양한 방

▎ 김정은은 할아버지인 김일성과 비슷한 행보를 보였다.

법으로 측근 세력을 선별했다. 2013년 로동당 위원장 직책을
신설하면서 유일지배체제를 구축해간 과정이 할아버지 김일
성의 행적과 상당히 일치한다.

　또한 정책 측면에서도 모방의 흔적이 보인다. 김정은 정권
이 들어서면서 경제 건설과 핵무력 건설이라는 병진 노선*을
표방했는데 이는 김일성의 경제 · 국방 병진 노선과 비슷하
다. 김일성을 닮았다는 점을 이용해 이미지만 흉내 낸 것이
아니라 권력을 장악하고 정책을 펴는 과정에서도 포괄적으

＊ 竝進路線. 경제 건설과 국방 건설을 비슷한 비중으로 발전시켜나간다는 노선

로 활용한 것이다.

　김정은이 김일성에 기대어 북한을 완전히 통치하려는 생각은 그의 발언에서도 그대로 드러난다. 제작팀은 김정은의 지난 7년 치 육성 연설과 김정은 명의의 문서를 모두 수집하여 시멘틱 네트워크 분석※을 했다. 신년사와 연설, 당대회 보고서 등에서 김정은이 자주 쓰는 단어를 전수 분석했다. 이것이야말로 향후 북한이 추구하는 모습이 무엇인지 선명하게 드러내 주는 자료였다.

　우선 문장의 배열과 단어의 연결관계에 차등을 둬 수치화했다. 많이 쓰는 단어의 빈도수가 아니라 내심 중요하게 생각하는 단어를 추출하는 것이 목적이었다. 스물여덟 살에 권력을 넘겨받은 김정은, 그가 집권 1년 차에 한 말과 글에 쓰인 단어들을 살펴보았다. 당시 그가 가장 많이 한 발언은 위대, 인민, 혁명, 조선로동당 등이었다. 하지만 단어들의 연결관계를 분석한 결과는 놀라웠다. '전성기', '강성부흥', '유훈' 등 그

※ Semantic Networking. 숨어 있는 맥락을 고려하여 언어 사이의 관계를 측정, 분석함으로써 언어가 전달하고자 하는 의미를 포착하는 기법

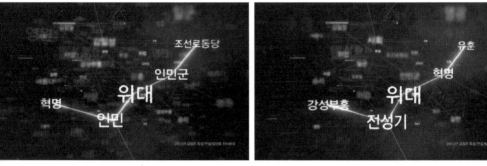

조선로동당

인민군

위대

혁명

인민

유훈

혁명

위대

강성부흥

전성기

2012년도에 김정은이 가장 많이 한 발언을 분석한 결과 김일성 시대에 대한 향수가 엿보였다.

들 스스로 전성기라고 생각하는 김일성 시대에 대한 향수가 엿보였기 때문이다.

북한에서 김일성의 카리스마는 대체 불가의 전설이다. 제작 팀은 이에 러시아와 중국 일대의 군사 문서 보관소 등을 1년 여 동안 접촉했다. 그리고 드디어 김일성 주석과 관련된 극 비 자료를 입수하는 데 성공했다. 입수한 비밀 자료의 첫 번 째 문서에는 '88국제여단 소속 김일성'이라는 글자가 선명하 게 적혀 있었다. 88국제여단은 일본군에게 쫓겨 중국에서 소 련으로 넘어온 빨치산들로 구성된 부대다.

문서에는 대위 김일성에게 훈장을 준 사유가 기재돼 있었

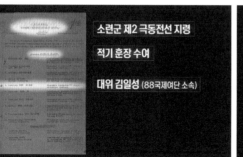
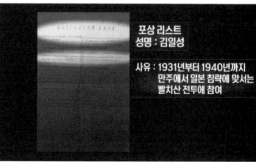

소련군 제2 극동전선 지령

적기 훈장 수여

대위 김일성 (88국제여단 소속)

포상 리스트
성명 : 김일성

사유 : 1931년부터 1940년까지
만주에서 일본 침략에 맞서는
빨치산 전투에 참여

'88국제여단(빨치산들로 구성된 부대) 소속 김일성'이라는 글자가 선명하게 적혀 있는
극비자료

다. '소련군 적기 훈장 수여'라는 제목의 문서로, 1930년대 만주에서 항일 빨치산으로 활동했기 때문이라고 적혀 있었다. 북한은 정권의 정통성을 김일성 주석의 만주 항일투쟁에서 찾는다. 주요 무대가 백두산이었다며 백두혈통이라고 신성시한다. 김일성이 1930년대에 항일 무장투쟁 보고서를 자필로 작성해 상관에게 보고한 문서도 있다. 제작팀이 최초로 입수한 보고서에 김일성이라는 서명이 뚜렷하게 나와 있었다.

그는 당시 만주를 조선 사람들이 밀집해 거주하고 문화 수준이 높아 항일투쟁을 하기에 최적의 장소라고 평가했다. 스스로를 왕청 유격대익 정치위원으로 소개하며 유격대 인원

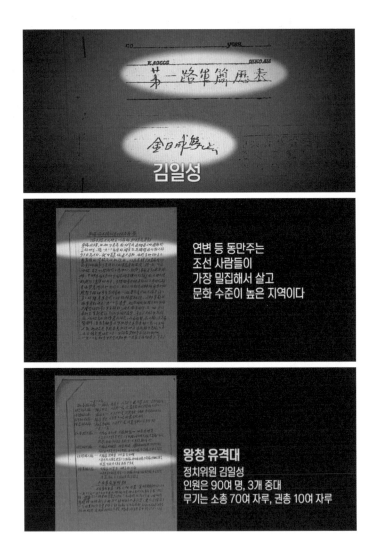

연변 등 동만주는
조선 사람들이
가장 밀집해서 살고
문화 수준이 높은 지역이다

왕청 유격대
정치위원 김일성
인원은 90여 명, 3개 중대
무기는 소총 70여 자루, 권총 10여 자루

▌ 제작팀이 최초로 입수한 김일성이 쓴 1930년대 항일 무장투쟁 보고서

은 90여 명, 무기는 소총 70여 자루와 권총 10여 자루라고 자세히 적었다.

항일 무장투쟁 경력을 앞세워 강력한 카리스마로 북한을 호령했던 김일성, 그리고 할아버지의 그 리더십을 닮고 싶어 하는 김정은. 그의 목표는 분명하다. 그는 할아버지 시대처럼 인민들이 굶주리지 않는 강한 나라를 꿈꾸고 있다. 그리고 자신의 꿈을 이루기 위한 로드맵을 착실히 그리고 있다. 이를 위해 집권 7년 동안 젊고 실무에 밝은 새 인물들로 채워나간 것이다.

인사에서도 이전 시대를 넘어 사회주의 강국을 만들고 싶어 하는 열망을 볼 수 있다. 김정은이 꿈꾸는 새로운 길에 필요한 인물은 누구일까? 김정은은 왜 이 사람들을 곁에 두는 걸까?

02. 부

북한
정치를
움직이는

파워
엘리트

북한 최초의
시스템형 지도자

독자적 판단보다
시스템을 살리는 정치

2018년, 집권 7년 만에 측근을 자기 사람들로 채운 김정은. 로동당 전원회의를 개최한 지 3개월 뒤 신년사에서 평창동계올림픽을 거론했다. 그리고 실제로 남북 단일팀에 특사단을 파견하고, 남북정상회담까지 개최하기로 결정했다. 이 모든 것이 3개월 만에 전격적으로 이뤄졌다. 그동안 꽉 막혀 있던 남북관계를 생각하면 현기증이 날 정도로 빠르게 진행된 셈이다.

그런데 과연 이 모든 구상을 김정은 혼자 결정하고 판단했을까? 아니면 어떤 조직이나 인물들이 뒤에서 장기적인 계획을 갖고 조직적으로 움직이는 것일까?

현재 북한의 정책 라인은 세 가지로 꼽힌다. 북한 내부의 대내(對內) 라인을 맡은 최룡해 로동당 부위원장, 중국·러시아·미국 등 해외의 대외(對外) 라인을 맡은 리수용 로동당중앙위원회 부위원장과 리영호 외무상, 남한과의 관계 등 대남(對南) 라인을 맡은 김영철 통일전선부장과 리선권 조국평화통일위원장이다. 중요한 정책을 결정하고 추진하는 일은 유

〈북한의 정책 라인〉

대내 라인	최룡해 로동당 부위원장
대외 라인	리수용 로동당중앙위원회 부위원장, 리영호 외무상
대남 라인	김영철 통일전선부장, 리선권 조국평화통일위원장

일체제의 특성상 김정은이 결정적인 역할을 맡는다고 하더라도, 최근 구성된 정책 라인을 많이 활용한다.

김정일은 수직적으로 소통하는 지도자였다. 전문 부서를 제외하고는 당 정치국 등 협의체가 실제적으로 운영되지 않았다. 그런데 김정은 집권 이후부터는 모든 기능이 정상화됐다. 당 정치국과 정무국, 국무위원회, 당중앙군사위원회 같은 기구들에 분야별 전문가와 측근 세력들을 포진시키면서 당의 정책 결정 기능, 국무위원회와 내각의 정책 집행 기능 등을 모두 정상화한 것이다.

당·정·군의 시스템들을 정비하고 정상화한다는 것은 국가기구로부터 보좌를 받는다는 것을 의미한다. 독단적인 판단과 결정으로부터 발생할 수 있는 오류를 줄여나가려는 노력인 것이다. 김정일이 카리스마형 지도자였다면 김정은은 시스템형 지도자라고 볼 수도 있다. 다만, 김정일 시대와 마찬가지로 아직까지도 수직적인 의사소통체제가 유지되기 때문에 수평적인 정책 조율이 매끄럽지만은 않을 것이다.

확실한 세대교체가
필요했던 이유

2017년 10월 로동당중앙전원회의에서 김정은은 정치국 핵심 간부 상당수를 새로운 얼굴로 교체했다. 이는 세대교체라고 볼 수 있으며, 자신이 원하는 목표를 이루기 위한 포석일 터이다. 그럼에도 70~90대의 핵심 엘리트도 일부는 건재했다. 김정일 시대부터 유지해온 노년·장년·청년의 균형감이 기저에선 여전히 유지되고 있다. 그는 어느 정도의 세대교체를 이뤄냈을까?

문상균
전 국방부 군비통제 차장

"당시 정치국의 26퍼센트, 정무국 당중앙위원회 부위원장 44 퍼센트, 전문 부서 부장 36퍼센트 그리고 당중앙군사위원회 위원 36퍼센트가 교체됐다고 했습니다. 핵심 보직 30~40퍼센트가 교체된 거죠. 세대교체가 이뤄진 것은 확실해 보입니다."

조성렬
국가안보전략연구원 수석

"2017년에 있었던 제7차 2기 전원회의에 세대교체의 또 다른 의미가 있다고 봅니다. 아시다시피 김정은은 2017년 12월 8일 백두산에 홀로 올라가서 중요한 정책을 결정했습니다. 그 결정을 일사불란하게 뒷받침해줄 인원을 갖추려는 것으로 봅니다."

김정은은 자신이 원하는 인물로 모두 바꾸려는 걸까? 그렇다면 어떤 방식을 취할까? 그리고 그가 궁극적으로 바라는 것은 무엇일까?

윤미량
전 통일부 남북회담 상근대표

"2016년 제7차 당대회가 김정은 시대의 권력 구조 프레임을 짰다고 본다면, 2017년 10월 당 전원회의는 그 프레임에 맞게 세대교체를 이루며 자기 인물들을 심었다는 성격이 강합니다. 정치국 상무위원은 김영남을 빼놓고 전원 교체했습니다. 다섯 명 중에 네 명이 교체된 겁니다. 정치국 위원은 양형섭만 빼고 전원 교체했습니다. 정치국 후보위원은 열다섯 명에서 열한 명으로 줄이면서 100퍼센트 교체했습니다. 이런 일련의 행보는 '이제부터는 내 정치를 하겠다, 내 사람들을 데리고 하겠다'라는 점을 강하게 보여주는 것입니다."

김정은 체제가 공식화된 2016년 5월의 제7차 당대회 결정서는 중요한 상징을 지닌다. 북한은 사회주의 강국을 완성하겠다는 목표 아래 2017년 12월 29일 대륙간탄도미사일(ICBM)급 장거리 미사일 '화성-15형'을 발사한 후 국가 핵무력 완성을 선언했다. 당시 김정은이 그렸던 로드맵은 무엇이었을까?

문상균
전 국방부 군비통제 차장

"북한이 원하는 최종 상태는 인도, 파키스탄식의 핵 보유국 지위를 확보한 상태에서 남북관계도 개선하고 또 미국과의 관계도 정상화함으로써 국제사회의 일원으로 나오는 모습이 될 것입니다. 그 과정을 통해서 대북 제재도 풀고 경제문제도 해결할 수 있으리라 판단한 거죠."

곽길섭
전 국가정보원 대북정보관

"김정은의 목표는 뚜렷합니다. 사회주의 강국 건설입니다. 그 수단은 병진 노선이고요. 즉, 핵을 가진 상태에서* 사회주의 강성국가를 만드는 것이지요."

※ 그러나 북한은 2018년 5월 13일. 풍계리 핵실험장을 폐쇄하며 미래 핵을 개발하지 않겠다고 발표했다.

〈2010년과 2018년 정치국 인사 개편 비교〉

• *2010년*

정치국

상무위원(5명)
김정일 김영남 최영림 조명록 리영호

위원(12명)
김영춘 전병호 김국태 김기남 최태복 양형섭
강석주 변영립 리용무 주상성 홍석형 김경희

후보위원(15명)
김양건 김영일 박도춘 최룡해 장성택 주규창
리태남 김락희 태종수 김평해 우동측 김정각
박정순 김창섭 문경덕

• *2018년*

정치국

상무위원(5명)
김정은 김영남 최영림 조명록 리영호

위원(15명)
박태성 태종수 안정수 리용호 박광호 양형섭
최부일 리수용 김평해 오수용 김영철 로두철
리명수 박영식 리만건

후보위원(11명)
김수길 김능오 임철웅 조연준 리병철 노광철
리영길 최 휘 박태덕 김여정 정경택

북한의 **실권**을 쥐고 있는
파워 엘리트의 **세대교체**

최고인민회의를 분석하다

　　　　　　김정은이 세대교체를 이룬
저변에는 단순히 아버지와 다른 길을 가겠다는 심리적 이유
만 있는 게 아니다. 그의 태도가 급선회한 저변에는 유엔 안
전보장이사회의 강력한 대북 제재가 작동했다는 의견이 다
수다. 지속적인 핵무기 개발과 핵실험으로 대북 제재가 강화
되면서 전 세계적으로 고립된 김정은이 선택할 수 있는 길은
무엇이었을까? 핵무력 완성을 선포하는 동시에 대북 제재를

헤쳐나가기 위해 똑똑한 사람들이 필요했을 것이다. 세대교체를 통해 자신의 뜻을 잘 이행할 수 있는 사람들로 채운 후 2018년 신년사에서 평창동계올림픽을 거론한 것도 비슷한 맥락으로 읽힌다.

그는 현재의 난국을 타개하기 위해 자신의 파워 엘리트들과 치밀하고 적극적인 전략을 짜고 있다. 김정은이 집권한 7년 동안 북한은 어느 때보다 빠르게 변화하고 있다. 이에 제작팀은 실리와 효율을 강조하는 김정은의 통치 스타일이 최고인민회의에서 어떻게 드러났는지 알려주는 통계를 살펴보았다.

북한 최고인민회의는 1948년 9월 9일 정권이 출범하면서부터 시작됐다. 말 그대로 정권의 출발과 맥을 같이하는 셈이다. 과거에는 최고 통치자의 의견에 반대하는 사례도 있었다. 이때까지만 해도 정책 등을 결정할 때 찬반 자유의사 표시도 일부는 가능했다. 그러나 김일성 수령 유일체제를 구축하는 과정에서 결정적인 사건이 일어난다. 1956년의 '8월 종파 사건'이다.

8월 종파 사건은 북한에서 일어난 가장 큰 권력투쟁으로 알

최고인민회의
명목상 북한의 최고 주권기관, 인구 3만 명당
1명의 대의원을 선출, 총 687명으로 임기는 5년이다

려져 있다. 김일성 개인으로서는 정치적으로 가장 큰 위기였지만, 오히려 이를 계기로 반대 세력을 축출하고 나아가 김일성 일인지배체제를 구축하는 계기를 마련하게 된다. 1956년 6월, 김일성은 북한이 추진할 5개년 경제개발계획에 대한 원조를 요청하기 위해 소련과 동유럽 국가들을 방문하고 있었다. 이 사이를 틈타 연안파와 소련파 인사들이 김일성을 권좌에서 밀어내려는 계획을 세웠다. 하지만 결국 이 사건으로 연안파와 소련파가 모두 숙청됐다. 이후 김일성 수령체제가 공고해지고 1972년 사회주의 헌법으로 개정되면서 사실상 독재 국가 형태가 됐다.

북한 최고인민회의는 남한의 국회에 해당하는 기관이며, 최고인민회의 대의원은 국회의원에 해당한다고 볼 수 있다. 물론 북한의 최고인민회의를 우리 국회와 비슷하다고 한다면 오해의 소지도 있다. 최고인민회의 명단 자체에 김정은과 당의 의지가 반영되어 있기 때문이다. 그렇기에 북한 권력 구조의 변화를 보려면 최고인민회의의 운영 동향을 살펴보는 것이 효과적이다.

제작팀은 최고인민회의 제12기와 13기 대의원 687명의 연령, 출신지역, 출신학교, 주요 이력과 가계 등 가능한 모든 정

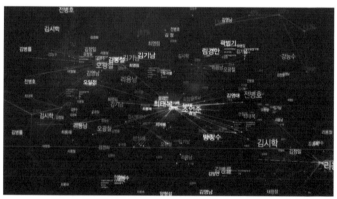

▌제작팀은 최고인민회의 687명의 모든 정보를 입수해 면밀히 분석했다.

보를 입수했다. 이 과정에서 언론에 공개되지 않은 고위급 탈북자들도 만나 수차례 심층 면접을 했다. 대의원들의 사회연결망을 면밀히 조사해서 상위 100명을 추출한 후 표본을 만들었는데, 여기서 나온 결과를 한마디로 말하면 '젊어지고 다양해졌다'라는 것이다.

김정은 시대인 제13기 대의원의 평균 나이는 김정일 시대인 제12기에 비해 다섯 살 어려졌고, 출신지역과 출신대학도 다양해졌다. 북한 체제를 떠받치는 핵심 세력은 김일성과 함께 만주에서 활동했던 항일 빨치산들이다. 이들 역시 세습하

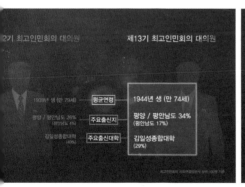 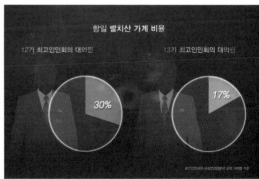

김정은 시대의 대의원은 젊어지고, 출신지역과 출신대학도 다양해졌으며, 빨치산 세습 비율도 급격히 줄었다.

는 경우가 많았다. 하지만 김정은 시대인 제13기 최고인민회의에서는 항일 빨치산들의 세습 비율마저 급격히 줄었다.

권력 구도를 보는 데 최고인민회의를 분석하는 것은 굉장히 유용해 보인다. 무엇보다 세대교체가 명백하게 드러났다. 총 687명인 제13기 대의원 중 55퍼센트가 교체됐다. 376명이 교체됐다는 것은 사실상 대폭적인 물갈이라고 해도 무방할 정도다.

세대교체를 이룬 김정은. 그의 사람들로 불리는 이들은 누구인지 제작팀은 현재 북한을 움직이고 있는 중요한 인사 다섯 명의 사회연결망 분석 결과를 살펴보았다. 가장 먼저 눈에

▌주요 인사들이 모두 최룡해와 연결관계가 큰 것으로 확인됐다.

띄는 인물은 김정은의 여동생이자 떠오르는 실세인 김여정이다. 김여정이 가장 밀접하게 관계를 맺고 있는 인물이 누구인지 분석해보았더니 최룡해와 접점이 가장 많았다. 한때 북한 내 이인자로 불렸던 황병서 전 인민군 총정치국장의 사회연결망을 분석한 결과 이번에도 최룡해가 두드러졌다. 주요 인사들이 모두 최룡해와 연결관계가 큰 것으로 확인된 것이다. 최룡해는 북한 권력의 핵심 축인 항일 빨치산 2세다.

현재 최룡해는 조직지도부장을 맡고 있다. 조직지도부는 북한의 모든 핵심 권력 기관을 통제·관할하는 부서다. '당

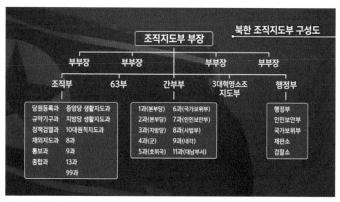

북한 조직지도부 구성도

속의 당'이라 불리는 조직지도부는 그들만의 권력 집단이라고 할 정도로 폐쇄적이다. 그런데 최근 김정은의 현지지도를 분석한 결과 조직지도부가 전면에 드러난 것으로 보였다.

조직지도부의 위상

김정은의 북한에서 조직지도부의 위상이 한층 강화됐다는 사실을 알 수 있었다. 김정은이 현지지도에 수행한 주요 인물 가운데 최룡해, 조용원, 박태성 등 조직지도부 출신 인사들이 확연히 눈에 띈다는 것도 주목할 만한 점이다.

조직지도부는 모든 공산당에서 핵심 부서다. 주요 인사들을 뒷조사하고 감독하며, 정보와 교육을 다룰 뿐만 아니라 생활지도도 한다. 간부들의 목숨 줄을 손에 쥐고 있다고 해도 과언이 아니다.

현지지도에 수행한 인물 중 최룡해, 조용원, 박태성 등 조직지도부 출신 인사들이 확연히 눈에 띈다.

곽길섭
전 국가정보원 대북정보관

"북한의 조직지도부는 남한으로 말하자면 청와대 민정수석실, 정부의 인사혁신처, 그리고 검찰, 경찰, 감사원 등의 기능을 통합해서 만든 곳입니다. 전국의 흙수저 중에서 참된 공산주의자가 될 수 있는 인물들을 선발하고, 교육하고, 배치하고, 사후관리까지 하면서 검열을 하죠. 이상한 행동을 하는 사람들은 수사를 해서 고위부에 이첩해 처벌까지 하기에 그야말로 '수령제의 핵심'이라고 할 수 있습니다."

장광일(가명)
전 조선인민군 고위 장교

"조직지도부와 선전선동부가 양대 부서이긴 하지만 조직지도부의 위상이 훨씬 강합니다. 과거 김일성이나 김정일도 단기 영도체제를 강화할 때 이런 표현을 했어요. '조직지도부와 선전선동부는 의사와 약사의 관계다'라고요."

김정은의
최측근을 파헤치다

조직지도부의
미스터리한 인물, 김설송

조직지도부가 의사라면 선전선동부는 약사에 비유될 만큼 북한에서 조직지도부는 무소불위의 권력을 행사한다. 그런데 이 조직지도부에 미스터리한 인물이 있다. 지금까지 북한의 어떤 공식적인 보도에도 등장하지 않은, 베일에 가려진 여성이다.

2001년 7월 김정일이 푸틴 러시아 대통령과의 정상회담을 위해 특별열차를 타고 러시아를 방문하던 때, 시베리아 횡단 열차에서 24일 동안 김정일을 그림자처럼 수행했던 콘스탄 틴 폴리코프스키 전 러시아 극동 전권대사가 북한의 권력 구 도와 관련해 중요한 증언을 해주었다.

콘스탄틴 폴리코프스키 *Konstantin Pulikovsk*
전 러시아 극동 전권대사

"김정일이 권력 승계에 대해 언급한 적이 있습니다. 그는 딸 이야기를 자주 했어요. 정치가로서 수완이 있고 매우 젊다고 했습니다. 나이는 20대라고 했습니다."

당시 김정일이 말한 20대 딸은 도대체 누구였을까? 김정 일에게는 네 명의 부인이 있었고 여섯 명의 자녀를 두었다. 폴리코프스키가 말한 딸은 김정은의 이복 누나이자 김정일 의 맏딸인 김설송에 대한 이야기라는 게 정설이다. 김설송은 1974년생으로 알려져 있으며 김정일의 맏딸이다. 김정은에 게는 이복 누나가 된다. 그녀가 지금까지 어떤 역할을 해왔는

김정일 가계도

지는 무수한 추측만 있을 뿐이다. 다만, 김설송에 대한 김정
일의 사랑이 깊었던 것은 사실로 보인다. 폴리코프스키의 이
야기뿐만 아니라 또 다른 북한 전문가의 말을 통해서도 확인
할 수 있었다. 켄 고스 미 해군분석센터 국제관계 국장은 "김
설송이 정권 내부의 모든 정보를 간직하고 정보의 흐름을 통
제하는 조직의 정점에 있다"라고 말했다.

　게다가 그녀는 고모인 김경희와 돈독한 관계였다. 김설송
이 조직지도부 부장을 3년 동안 역임했다는 이야기도 있다.
한 가지 더 중요한 사실은 김설송은 김일성이 유일하게 인정
했던 며느리인 김영숙이 낳은 자식이라는 점이다. 그야말로

김일성, 김정일로 이어지는 백두혈통의 순수 적통인 셈이다.

　김설송을 주목하는 이유는 김정은과 권력을 양분할 수 있는가 하는 점 때문일 것이다. 북한 주민들에게 신과 같은 김일성의 백두혈통을 이어받았다는 사실은 무시할 수 없는 강점일 테니 그녀가 아들이었다면 최고 권력을 놓고 김정은의 만만찮은 위협 상대가 되었을 것이다. 그러나 강력한 1인 남성 독재체제인 북한 사회에서 여자인 김설송이 김정은의 맞수가 될 가능성은 크지 않았다.

윤미량
전 통일부 남북회담 상근대표

"김설송이 북한의 실세라는 데에는 동의하지 않지만, 그녀에 대한 이야기는 1990년대와 2000년대 초까지 많이 들었습니다. 김정은이 아직 부상하기 전인데 그때까지는 김설송의 이름이 종종 나왔죠. 조직부 내에서 행정을 맡았던 고위 탈북자가 말하기를 김정일이 결재를 할 때도 여러 종류가 있다고 했습니다. 김정일이 직접 본인의 이름을 쓰는 경우도 있고 그냥

체크를 하는 경우도 있고, 어떤 때는 김정일이 한 게 아닌 것으로 보이지만 김정일 결재라고 할 때가 있었답니다. 그럴 때는 김설송이 한 것이라고 했습니다. 심지어 김설송이 읽지 않고 김정일이 보는 것은 없다는 이야기까지 있었기 때문에 김정일 밑에서 김설송이 맡은 역할은 굉장히 컸을 것으로 생각합니다."

리충혁(가명)
전 조선로동당 평양시당 고위 간부

"저는 다른 의견입니다. 김설송이 북한 조직부에 있으면서 올라오는 문건을 다 컨트롤하고 아버지한테 올려보낸 것이 사실이라면, 내부 엘리트를 통해 반드시 소문이 납니다. 숨길 수가 없죠. 그런데 그런 소리는 아예 들어보지 못했습니다."

그렇다면 김정일이 자랑스럽게 말했다는 딸이 또 다른 인물일 수 있을까?

누이동생, 김여정

　　　　　　김설송 외에 북한의 핵심 권력에 있을 법한 인물은 김정은의 친누이 김여정이다. 그녀는 2018년 평창동계올림픽에 김정일의 특사로 와서 우리에게 신선한 충격을 남겼다. 그녀가 현재 김정은의 최측근 중한 명이라는 것은 확고한 사실이다.

곽길섭
전 국가정보원 대북정보관

"폴리코프스키가 김정일한테 들은 바로는 딸이 20대라고 했는데요, 2001년 당시 김설송 나이가 스물일곱 살이었습니다. 김여정은 열다섯 살가량 됐겠죠. 여자 나이 열다섯이면 꾸미기 나름 아닐까요? 그래서 저는 김여정 쪽에 더 무게를 둡니다. 고작 열다섯 살에 정치적 감각이 얼마나 있었겠냐고 하겠지만, 일약 서른 살에 정치국에 진입하고 얼마 전에는 서울에 특사로 오지 않았습니까? 분명히 어린 시절부터 정치에 관심에 많았고 교육도 단단히 받았을 겁니다."

김정은과 김여정은 스위스 유학 시절 전부터 유난히 사이가 좋았다. 그래서 자연스럽게 김여정이 오빠인 김정은을 보좌하는 활동을 하게 됐다고 볼 수 있다. 지금까지 김정은의 정치적 행보를 보면 고모부는 물론 이복형제라도 가차 없이 처형했다. 이런 과정을 겪으며 어린 시절부터 가깝게 지냈던 여동생에 대해서는 더욱 애착을 가지면서 혈연적으로 의지할 수도 있을 터이다. 만약 김여정이 최고 권력에 욕심을 내는 남자 형제였다면 또 다른 상황이 벌어졌을지도 모르지만, 적어도 지금까지는 정책적으로도 서로 신뢰하면서 의존하는 구도로 보인다.

김여정의 역할이 어떤지를 알려주는 일화가 있다. 2012년 9월 1일 북한의 〈조선중앙통신〉에 실린 한 장의 사진을 통해서다. 아내 리설주와 팝콘을 먹으며 평양의 뉴타운인 창전 거리를 걷고 있는 김정은의 사진이었다. 평범한 20대 부부의 평화로운 모습이었지만 북한 최고지도자와 퍼스트레이디인 만큼 그 메시지가 다를 수밖에 없다.

김정은이 아내를 동반한 모습으로 처음 언론에 등장한 것 또한 2012년 7월의 일이었다. 완공된 평양 릉라인민유원지에

서 자연스럽게 팔짱을 끼고 돌고래 곡예를 보면서 웃는 모습
이 공개됐다. 특이한 사항은 리설주의 옷차림이었다. 북한 주
민이라면 가슴에 반드시 달아야 하는 김일성, 김정일 배지가
없었던 것이다. 손에는 명품 핸드백을 들었고, 화려한 색깔의
원피스엔 배지 대신 브로치가 빛나고 있었다. 해외 일부 언론
은 폐쇄적이던 북한에 '변화의 바람'이 불고 있다고 호의적인
기사를 내보내기도 했다. 이렇듯 개방적인 젊은 통치자 부부
의 모습을 기획하고 연출한 것이 바로 김여정이었다.

그뿐만이 아니다. 북한의 퍼스트레이디 리설주가 공개석상
에 처음 등장했던 7월의 모란봉악단 공연에서 미키마우스와
비슷한 복장을 한 출연자가 등장하고, 미니스커트를 입은 여
성 멤버들이 미국 영화 〈로키〉와 디즈니랜드의 테마곡을 연
주하게 한 것도 김여정의 작품으로 전해진다. 이 역시 김정은
정권의 '개방 지향성'을 보여줌으로써 폐쇄적이라는 북한의
이미지가 변하고 있다는 메시지를 해외에 전달한 것이다.

이와 관련해 켄 고스는 김여정을 두고 이런 말을 남겼다.

켄 고스_Ken Gause_
미 해군분석센터 국제관계 국장

"김여정은 김정은의 권력 기반을 확고히 하고 그의 리더십을
굳건하게 하는 역할을 맡고 있습니다. 또한, 김여정의 권력은
지도자와의 근접성 때문에 존재합니다. 김여정은 김정은이
그 누구보다 신뢰하고 있는 사람입니다"

　　김여정이 공식적으로 텔레비전에 모습을 비친 것은 2011년
12월 20일 아버지 김정일의 유체가 안치된 금수산태양궁전
(당시 금수산기념궁전)에서 김정은이 조문객을 맞는 장면에서
다. 그 자리에 김정일의 다른 아들들인 김정남과 김정철은 없
었다. 김정일이 총애하며 신뢰했다는 김설송의 모습도 찾아
볼 수 없었다. 공적인 추모의 자리에 김정은과 김여정만 있었
던 것이다.

　　김정일의 전속 요리사였던 일본인 후지모토 겐지의 수기에
따르면 김정일은 마흔여섯 살 때 얻은 막내딸 김여정을 '여정
공주'라고 부르며 아꼈다고 한다. 김여정도 김정철, 김정은과

마찬가지로 스위스 베른의 국제학교에 다녔다. 1996년부터 2000년 말까지의 일이며 당시 '청순'이라는 이름을 사용했다. 귀국 후 김일성종합대학에서 공부하다가 김정은이 후계자로 공식 등장한 2010년 9월 공개 활동을 시작했다. 당시 직책은 로동당중앙의 행사 담당 과장으로 김정은의 지방 시찰 일정과 최고지도자가 참석하는 '1호 행사'를 책임지는 역할이었다.

2014년 3월 김여정은 선전 사업을 총괄하는 당 선전선동부 부부장에 취임한다. 현재는 로동당 제1부부장으로 평창동계올림픽 특사 역할과 쑹타오 대외연락부장을 단장으로 한 50여 명의 중국 예술단을 평양에서 맞는 등 중요한 행사를 주도했다. 이런 모습들을 보면 북한의 핵심 인물 중 한 명인 것만은 틀림없다.

김정일은 죽기 전 김설송과 김여정에게 김정은을 지원하도록 부탁했다고 한다. 김설송에게는 권력의 핵심을 통제하는 조직지도부를, 김여정에게는 정권의 정통성을 국내외에 선전하는 선전선동부를 맡겼다는 것이다. 그러나 김설송이 맡은 역할은 사실상 거의 없다는 견해도 있다. 또한 김정일이 여동생 김경희와 매부 장성택 부부에게는 후견인 역할을, 인민군

총참모장 리영호와 비밀경찰인 국가안전보위부를 이끄는 우
동측에게는 수호자 역할을 맡겼던 게 아닐까 싶다. 초기에는
그가 그려둔 그림으로 실행됐지만 후에는 김정은이 모두 바
꿔버렸다. 현재 확연히 나타난 그림에는 김정은과 김여정 남
매만 한가운데에 남아 있을 뿐이다.

〈김일성-김정일-김정은 가계도〉

북한의 **정치 체제**와 김정은 **리더십**

북한의 권력 구조와 정부형태

　　　　　　　　북한은 강력한 일당 체제이자 최고지도자가 전권을 지니는 사회다. 어떤 과정을 거쳐 이런 형태를 갖추게 됐는지 북한의 권력 구조와 정부형태를 살펴볼 필요가 있다. 사회주의 국가는 국가 권력이 당에 집중된다는 점이 보편적 특성이다. 한마디로 당 주도의 국가체계로 운영되는 것이다. 실질적 권력을 장악한 하나의 당이 국가와 사회를 지배하며, 오직 한 가지 가치체계만을 주입하기에 맹목적인 이데올로기가 형성된다. 프롤레타리아 독재임을 분명하게 표방한 북한에서는 로동당이 최고의 위상과 권한을 지니며 어떤 기관이나 단체보다 상위에 존재하고, 모든 정책이 당의 지도와 통제하에 추진된다. '로동당 유일지배'는 북한 정치의 중요한 특징이다.

1970년대 초까지만 해도 북한의 권력 구조는 소련을 모방하여 로동당 총비서가 내각 수상을 겸하고 최고인민회의의 상임위원장이 명목상 국가원수를 맡는 형태를 유지했다. 북한 정권이 현재와 같은 권력 구조를 구성하게 된 것은 1980년 10월 개최된 로동당 제6차 대회에서였다. 북한은 로동당 규약 개정을 통해 정치국 및 정치국 상무위원회를 신설했다. 김일성에서 김정일로 이어지는 권력 구도를 확립하기 위한 사전 포석이었다. 제6차 당대회에서 선출된 248명의 중앙위원으로 구성된 제6기 1차 전원회의의 지도부 선출에서 김일성과 김정일만 당내 3대 권력기구인 정치국 상무위원회, 비서국, 군사위원회에 모두 선출됨으로써 김정일이 후계자로 확정된 것이다.

이후 1998년 9월 개최된 최고인민회의 제10기 1차 회의에서 헌법 개정을 통해 주석제와 중앙인민위원회를 폐지하고, 국방위원장을 국가 최고 직책으로 규정하는 권력 구조 개편을 단행했다. 북한 정권을 대표하는 최고 권력자를 국가주석이 아니라 국방위원장으로 규정한 것이다. 최고인민회의 상임위원회가 종전의 국가주석과 중앙인민위원회 기능을 통합해 수행하는 한편, 정무원의 '행정적 집행기관' 기능에 '전반적 국가관리기관'의 권한을 추가해 내각으로 개편했다. 국방위원장 김정일의 위상을 권력의 정점으로 격상시키는 동시에 혁명 원로 세대를 권력 일선에서 후퇴시키고 국방위원장 1인 독재체제를 강화한 것이다.

2008년 김정일의 건강 이상을 계기로 김정은의 후계체제 확립에 박차를 가하면서 2010년 9월 제3차 당대표자회와 당중앙위원회 전원회의를 통해 김정은이 당중앙위원회 위원이자 당중앙군사위원회 부위원장으로 등장했다. 1980년 김정일이 당 정치국 상무위원 및 당중앙군사위원으로 선출됐던 것과 마찬가지 과정을 거친 것이다. 이로써 마침내 3대 세습체제를 공식화했다.

2012년 4월 제4차 당대표자회에서 김정은을 중심으로 권력 구조를 개편하고 김정은의 위상을 강화하는 로동당 규약이 개정됐다. 또한 최고인민회의 제12기 5차 회의에서 김정일 위상 설정을 위한 헌법 개정을 통해 김정일을 '로동당의 영원한 총비서' 및 '영원한 국방위원회 위원장'으로 추대하는 한편, 김정은을 '로동당 제1비서' 및 '국가의 최고 수위인 국방위원회 제1위원장'으로 선출했다.

2016년, 북한은 권력 구조에 커다란 변화를 맞았다. 6월 29일 헌법 개정을 통해 기존의 국방위원회를 대체하는 국무위원회를 신설했고, 김정은이 국무위원회 위원장에 추대됐다. 기존 헌법에서 규정한 국방위원회 제1위원장과 마찬가지로 국무위원회 위원장을 북한의 최고 영도자로 규정한 것이다. 이에 따라 김정은은 기존의 로동당 제1비서에서 당의 최고 영도자인 로동당 위원장 자리에 올랐다.

북한의 체제는 로동당과 군대라는 두 기둥과 입법부 · 행정부 · 사법부를 포괄하는 세 국가기구로 운영된다. 그중에서도 북한을 지탱해온 핵심 권력 구조는 로동당이다. 당 규약에서도 '혁명 전통을 계승한 조선로동당의 혁명적 무장력'이라고 규정하고 있다.

북한 로동당 성립 과정

해방 직후 서울에는 박헌영 중심의 조선공산당이 있었다. 각 도에도 조선공산당 도당지부가 있었다. 1945년 10월 10일 소련 군정은 조선공산당 서북 5도 책임자 및 열성자 대회에서 채택한 '정치 노선과 조직 강화에 관한 결정서'에 따라 10월 13일 조선공산당 북조선 분국을 창설하고, 10월 20일 38도선 이북의 조선공산당 5도 책임자를 중심으로 한 조선공산당 북조선 분국 중앙을 결성했다. 그리고 그해 12월 북조선공산당으로 명칭을 변경했다.

그러나 당시 조선공산당 북조선 분국 중앙은 북한에서 통일전선을 확립하고 군중을 장악할 역량을 갖추지 못했다. 이에 제3차 확대집행위원회에서 공산당 세포조직, 군중 노선, 통일전선 노선 등을 강조한 김일성을 책임비서로 선출했다.

1946년 7월 김일성은 모스크바를 방문해 스탈린을 만났다. 스탈린은 북조선공산당과 조선신민당의 합당을 지시했다. 이에 따라 양당은 7월 28일부터 30일까지 열린 북조선공산당 조선신민당 양당 연석중앙확대위원회에서 통합에 합의했다. 이어 8월 28일부터 30일까지 열린 창립대회를 통해 북조선로동당을 출범하고 당 강령과 당 규약을 채택하는 등 당 지도부를 구성했다. 그러나 겉으로는 연합적인 형태로 보였지만, 실질적으로는 김일성을 중심으로 한 단일 권력 구조가 형성되고 있었다. 당 출범 후 1년 반이 지난 1948년 3월에 로동당 제2차 대회가 열렸는데 국내파 공산주의자들의 위상은 약화된 반면, 김일성의 당내 위상은 더욱 확고해졌다. 당 지도부의 구성에서도 김일성계의 강화가 두드러졌다.

이후 북조선로동당은 정권 수립을 위해 1948년 8월 박헌영의 남조선로동당과 연합중앙위를 구성했다. 정권 수립 이후 1949년 6월 24일에는 당대회 없이 북조선로동당과 남조선로동당 제1차 전원합동회의를 개최하여 합당함으로써 로동당이 창당됐다. 당중앙위원회 위원장에는 김일성, 부위원장에는 박헌영과 허가이가 선출됐다.

북한 로동당은 '수령의 혁명사상을 지도지침으로 하고, 수령의 유일적 령도 밑에 혁명과 건설을 진행하는 노동자·농민의 우수한 인재들로 구성된 혁명의 전위조직'이며, 2010년 개정된 로동당 규약 전문에 '위대한 수령 김일성 동지의 당이다'라고 규정한 것처럼 수령의 사당(私黨)으로 되어 있다. 김정일은 로동당을 '사회주의 사회의 유일한 향도적 역량'이라고 규정하고, 당의 지위와 역할은 다른 어떤 정치 조직도 대신할 수 없다고 강조했다. '사회주의 사회에 대한 영도권을 노동계급의 당이 아닌 다른 정당의 수중에 넘기는 것은 결국 사회주의를 포기하는 것'이라고 보았기 때문이다.

2010년 개정된 당 규약 전문에 따르면 로동당의 목적은 다음과 같다. '공화국 북반부에서 사회주의 완전 승리'에서 '공화국 북반부에서 사회주의 강성대국 건설'로, 최종 목적은 '온 사회의 주체사상화와 공산주의사회 건설'에서 '온 사회를 주체사상화하여 인민대중의 자주성을 완전히 실현하는 것'으로 변경됐다. 북한 내부 현실을 반영한 것으로 보인다.

김정일 사후 김정은 유일영도체제의 형성을 위해 2012년 4월 제4차 당대표자회에서 개정한 당 규약 서문에는 로동당을 김일성과 김정일의 당으로, 김일성·김정일주의를 주체사상과 함께 유일지도사상으로 내세웠다. 그리고 김정은의 영도에 따라 주체혁명의 위업을 달성할 것 등의 내용을 반영했다. 로동당의 위상과 관련해 북한 헌법에는 '조선민주주의인민공화국은 조선로동당의 령도 밑에 모든 활동을 진행한다'

라고 명시되어 있다. 로동당이 북한 권력의 산실이라는 명백한 증거인 셈이다.

2016년 5월 제7차 당대회에서는 당 규약 개정을 통해 최고 수위의 명칭을 '제1비서'에서 '당 위원장'으로 변경했다. '비서국'은 '정무국'으로 개편됐다. 당 규약에 '경제 건설 및 핵무력 건설 병진 노선'을 명시하고 당원·당 조직 및 운영체계를 정비했다. 지극히 위계적인 의사결정구조를 확보함으로써 일사불란한 획일성을 도모해 수령의 1인 지배를 강화한 것이다.

당대회, 당대표자회, 당중앙위원회

로동당이 중앙집권제 원칙을 우선시하는 것은 수령의 영도를 실천하는 역할에 큰 비중을 두기 때문이다. 로동당의 영도적 역할은 당 생활지도와 당 정책지도로 구분되고, 당 생활지도는 다시 조직생활지도와 사상생활지도로 세분화된다. 조직생활지도는 정무국 산하의 전문 부서 중 조직지도부에서 담당하고, 사상생활지도는 선전선동부에서 담당한다. 로동당은 최고지도자를 위해 봉사하며 전권은 최고지도자에게 있다.

로동당의 공식적 최고 의사결정 기구는 당대회다. 당 규약은 당대회가 당 노선과 정책 및 전략전술에 관한 기본 문제를 결정하도록 규정하고 있다. 그러나 실제로는 당중앙위원회나 정치국이 내리는 결정을 추인하는 형식적 기능만 하고 있을 뿐이다.

2010년 9월 제3차 당대표자회에서 당 규약을 개정하기 전까지 당대회는 5년에 1회 당중앙위원회가 소집하는 것으로 되어 있었다. 하지만 그 원칙은 잘 지켜지지 않았다. 1946년 제1차 당대회를 시작으로 1980년까지 총 여섯 차례의 당대회가 소집됐으나, 이후로는 개최되지 않았던 것이다. 그러다 김정은이 36년 만인 2016년 5월 제7차 당대회를 개최해 화제가 되기도 했다.

당대표자회는 당대회와 당대회 사이에 당의 노선과 정책 및 전략·전술의 긴급한 문제들을 토의·결정하며 당중앙지도기관 구성원을 소환하고 보완하기 위해 당중앙위원회가 소집하는 회의다. 2010년 제3차 당대표자회를 통해 당중앙군사위원회 부위원장 직제 신설, 김정은 부위원장 임명, 김정일 당 총비서 재추대, 당 규약 개정, 당중앙 지도기관 선거 등이 핵심 의제로 다뤄졌다. 당대표자회 개최 결과로 '김정은 3대 세습의 공식화'를 비롯해 당중앙위원회 위원, 정치국 · 비서국 · 당중앙군사위원회 등 당 지도체제 재편 등이 이뤄졌다. 또한 당 규약 개정을 통해 당대표자회에도 당 최고 지도기관 선거 및 당 규약 개정 권한을 부여했다.

이후 2016년 개정된 당 규약에서는 당 총비서 대신 로동당 위원장의 지위를 명기하고 이전과 마찬가지로 당중앙군사위원장을 겸하도록 규정했으며, 군에 대한 당의 통제를 강화하는 방식으로 권한이 규정됐다.

당대회가 열리지 않는 기간에 당중앙위원회는 최고 지도기관의 역할을 대행하며 모든 당 사업을 주관한다. 당중앙위원회는 전원회의를 1년에 1회 이상 소집하게 되어 있다. 그러나 전원회의가 개최되지 않는 기간에는 그 권한이 당 정치국과 당 정치국 상무위원회로 위임된다. 당중앙위원회는 당대회에서 선출된 위원과 후보위원으로 구성되며, 이들이 모두 참여한 중앙위원회 전원회의에서 당내외 문제들을 논의하고 의

결한다.

전원회의는 정치국과 정치국 상무위원회, 당중앙위원회 부위원장들 및 당중앙위원회 검열위원회를 선출하고 정무국과 중앙군사위원회를 조직한다. 전원회의는 1993년 제6기 21차 회의를 마지막으로 2010년 9월 전원회의 개최 전까지 공개적으로 열리지 않았다. 그러다 김정은 3대 세습의 공식화를 위한 제도적 기반을 마련하기 위해 2010년 9월 제3차 당대표자회 및 당중앙위원회 9월 전원회의가 개최됐다.

그동안 당중앙위원회 위원은 60여 명만 남아 있었으나, 제3차 당대표자회를 통해 총 124명이 선출됐다. 공석이었던 당중앙위원회 정치국 상무위원회와 정치국 구성원이 채워지고 당중앙위원회 정무국과 당중앙군사위원회 등도 조직됐다. 2013년 3월 31일 당중앙위원회 전원회의 때는 '경제 건설 및 핵무력 건설 병진 노선'을 채택했고, 제7차 당대회 기간이던 2016년 5월 9일 당중앙위원회 전원회의를 개최하여 정치국과 정치국 상무위원회, 당중앙위 부위원장 선거를 시행하고 정무국 조직, 당중앙군사위원회 조직 등을 구성했다.

당대회나 당중앙위원회 전원회의가 장기간 열리지 않는 상황에서 당내 의사결정을 담당하는 권력기구는 1980년 제6차 당대회에서 신설된 당중앙위원회 정치국과 정치국 상무위원회다. 김정일 시대에는 정치국이 사실상 유명무실했다. 정치국의 위상 변화는 후계 구도와 맞물려 나타났다. 당중앙위원회 정치국에서 제3차 당대표자회 소집을 결정했다. 김정은 집권 이후 리영호, 장성택 숙청과 같은 주요 안건들을 당 정치국회의 또는 정치국확대회의를 통해서 결정할 만큼 위상이 복원됐다. 2016년 제7차 당대회를 통해 정치국 상무위원이 김정은, 김영남, 황병서, 박봉주, 최룡해 등 다섯 명으로 새롭게 조직됐다.

현재 당중앙위원회 정무국은 당대회와 당대회 사이 모든 당 사업을 조직하고 지도하는 실질적인 집행기관이다. 과거에는 당내 모든 정책 결정을 주도하는 핵심 권력기구가 당 정치국과 정치국 상무위원회였지만, 김일성과 오진우가 사망한 이래 정치국 상무위원회는 김정일 단일 상무위원 체제가 됐다. 김정일 시대에는 정치국 상무위원회를 대신해 당비서국이 당중앙위원회를 실질적으로 주도하는 상황이었다. 당비서국은 수령제 확립과 김정일 후계체제 확립을 위한 1966년

10월 제2차 당대표자회 및 제4기 14차 당중앙위원회 전원회의에서 신설됐다. 2016년 제7차 당대회를 통해 비서국이 정무국으로 개편됐다.

당정무국은 당 내부 사업과 그 밖의 실무적 문제들을 토의하고 결정하며 집행을 조직하는 당내 핵심 부서다. 중앙군사위원회는 2010년 9월 이전까지만 해도 크게 주목받지 못했다. 그러나 제3차 당대표자회에서 김정은이 당중앙군사위원회 부위원장에 임명된 후부터 최고 군사지도기관으로 격상됐으며, 특히 안보 및 군사 문제에 관한 최고 지도기관으로 부상했다. 2013년, 2014년, 그리고 2015년까지 빈번하게 개최돼 북한 정치의 중요한 정책을 결정했다.

로동당에 군사위원회를 설치한 것은 1962년 12월 당중앙위원회 제4기 5차 전원회의에서 김일성이 제시한 '4대 군사노선'을 채택하는 등 국방력 강화에 대한 결정이 이뤄진 후였다. 당중앙위원회 산하 기구였던 군사위원회는 1982년 승격되어 당중앙군사위원회로 개칭됐다. 북한 전역을 병영체제화하는 '4대 군사 노선' 수행에 핵심적인 역할을 담당했으며, 전국적으로 도·시·군 단위에 각급 군사위원회를 두었다.

북한 최고 권력자의 리더십

북한 정부 수립 이후 김일성과 김정일은 모든 권력이 자신에게로 집중되는 상황에서 북한을 지배할 수 있는 체제를 만들어왔다. 그리고 그 권력은 김정은에게로 이어졌다. 김정일 사망 이후 북한 붕괴설이 대두되기도 했지만, 현재는 그동안 김정은을 지나치게 과소평가해왔다는 견해가 주를 이루고 있다. 북중정상회담, 남북정상회담, 북미정상회담 등을 끌어낸 장본인 아닌가.

김정은은 지금까지의 집권 기간에 두 가지 축을 완성했다. 하나는 유일지배체제를 구축하려는 노력이고, 다른 하나는 핵무력 건설이다. 이 두 가지를 갖추기 위해 대외적인 압박 속에서도 굴하지 않고 일관된 행보를 보였다. 그리고 핵무력 건설이 되었다고 선포한 시점에 자신감을 바탕으로 경제 건설을 위한 노력을 기울이고 있다.

그는 경제 건설로 가기 위해서는 현재의 제재를 완화하고 대외관계를 개선해야 할 필요성을 느꼈을 것이다. 그래서 남북관계를 획기적으로 개선하자고 신년사에서 포문을 열면서 남북정상회담과 북미정상회담을 적극적으로 제안했다. 목표를 정하고 무서운 돌파력으로 도달한 후 또 다른 목표를 찾아내는 남다른 리더십으로 보일 수도 있는 대목이다.

김정은이 외교·안보 분야에 접근하는 방식도 독특하다. 김정일 집권기에는 모든 회담이 실무회담부터 정상회담에 이르기까지 다양한 채널을 통해서 아래로부터 올라오는 방식으로 이뤄졌다. 그런데 김정은이 집권한 이후 2012년부터는 다른 양상이 나타났다. 이와 관련해 조성렬 국가안보전략연구원 수석은 다음과 같이 말했다.

조성렬
국가안보전략연구원 수석

"2012년 판문점에서 접촉이 한 번 있었는데, 그때 청와대를 상대로 직접 대화를 요청했어요. 그래서 그때 접촉이 한 번 있었고요. 2014년엔 김영철 정찰총국장이 황병서의 특사 자격으로 안보실장에게 회담을 요청하죠. 2015년 목함지뢰 도발 사건*이 있었을 때도 김양건 당시 통일전선부장이 청와대 국가안보실장과 회의 회담을 요청했습니다. 2018년 들어서는 김정은이 바로 남북정상회담과 북미정상회담을 제의했습니다. 대외 문제를 풀어나가는 데 실무진 등 아래에서부터 협의하는 방식이 아니라 위에서 결정한 바를 하달하는 방식으로 풀어가고 있는 듯합니다."

남북정상회담에서 보여준 모습을 통해 확인했듯이, 이제 더는 김정은을 경험 없고 패기 넘치는 젊은 지도자로만 인식해서는 안 된다. 김정은이 그동안 치열하게 권력을 장악하고 체제 생존을 위해서 국가를 경영해온 과정을 좀더 면밀하게 들여다볼 필요가 있다. 그는 권력을 장악한 후 '아버지의 사람들'을 제거하고 '자신의 사람들'을 부각시켰다. 우리는 김정은에 대해 다시 생각하고 그의 생각을 알 필요가 있다. 한반도를 넘어 국제사회로 나온 김정은, 그의 속마음이 무엇인지 궁금하다.

※ 2015년 8월 4일, 파주 인근 DMZ에서 북한의 목함지뢰에 의한 폭발이 일어난 사건

김정은이 **협상 테이블**에
나올 수밖에 없는 **이유**

김정은과 트럼프의 만남

북미정상회담이 곧 개최된다는 소식이 전 세계를 들썩이게 했다. 양측이 꺼내 든 카드는 '비핵화'였다. 극적인 화해 분위기가 연출됐지만, 과연 김정은의 속마음이 트럼프의 속마음과 같을까?

문상균
전 국방부 군비통제 차장

"북미정상회담의 의미를 잘 새겨보면 한반도 안보의 최대 분
수령이 될 것입니다. 상호 윈윈하는 성과를 도출한다면 북한
이 정상 국가로서 국제사회의 일원이 될 수 있지만, 원하는
합의를 달성하지 못하고 실패할 경우엔 지금의 평화 분위기
가 극도의 긴장 상황으로 급변할 수도 있죠."

　북한 입장에서 이번에 소기의 성과를 얻지 못하면 소통
할 채널이 사라진다는 것은 김정은의 딜레마이기도 할 것이
다. 그렇기에 김정은과 파워 엘리트들은 북미정상회담에 모
든 역량을 집중해 신중하고 조심스럽게 접근할 터이다. 비핵
화의 문제가 나올 수밖에 없는 상황에서 체제를 보장받을 수
있는 묘안을 찾아야 한다는 부담도 지고 있기 때문이다. 과연
김정은은 적대적인 대북 정책을 포기하고 관계를 정상화하
며 평화협정 체결 등과 연계된 유리한 합의를 하도록 미국을
이끌 수 있을까?

조성렬
국가안보전략연구원 수석

"중요한 부분은 이것입니다. 이번에 청와대에서 남북정상회담 추진위원회를 만들면서 3대 의제를 이야기했습니다. 첫번째가 한반도 비핵화고요. 두 번째는 군사적 긴장을 획기적으로 완화시키는 것을 포함한 평화 정착입니다. 그리고 세 번째는 남북관계를 개선하는 문제입니다. 우리가 주목할 것은 북한이 지금까지 보여준 태도입니다. 기존에 우리가 갖고 있던 북한에 대한 인식으로 보면 급변하는 판을 읽기 어려울 수도 있습니다. 북한이 단지 적화통일을 위해서 기만적인 말과 행동을 한다든지, 원하는 것을 얻기 위해 남한만으로는 안 되니까 미국까지 끌어들인다든지 하는 건 통하지 않을 테고요. 북한에 대해 의심을 할 순 있습니다. 하지만 중요한 것은 어떤 형태로든 북미정상회담에서 성과가 나오려면 북한으로서도 비핵화에 대한 큰 틀과 로드맵을 제시해야 한다는 겁니다. 그러지 않는 한 미국은 절대 북한의 요구를 받아들이지 않을 것입니다."

트럼프 미국 대통령의 남은 임기는 3년. 김정은에게도 트
럼프에게도 한정된 시간이 주어진 셈이다. 3년 안에 북한의
비핵화 로드맵이 확실히 나온다면 트럼프의 재선에도 도움
이 되고, 북한에 대한 제재나 관계 정상화, 체제 안정 보장 문
제도 이행 가능성이 커질 것이다. 문재인 정부의 임기가 4년
남은 상태에서 어떤 공통점을 추출할 수 있지 않을까, 조심스
러운 전망이 나오는 상태다.

북한은 오랫동안 고난의 행군을 내세우면서까지 핵무기를

트럼프 대통령의 남은 임기가 3년인 만큼 트럼프와 김정은 모두에게 한정된 시간
이 주어진 셈이다.

145

만들어왔다. 그런데 지금은 비핵화 문제로 남북정상회담을 열었고 북미정상회담을 앞두고 있다. 과연 김정은은 어떤 해답을 내놓을 것인가?

윤미량
전 통일부 남북회담 상근대표

"북미정상회담이 이렇게 열리게 된 것은 비핵화라는 말을 북한이 했기 때문입니다. 그런데 분명한 것은 단순히 북한 비핵화가 아니라 한반도 비핵화, 나아가 세계의 비핵화가 이뤄져야 한다는 것입니다. 그러나 과연 북한이 핵을 포기할 수 있을까요? 시간을 확보해 대북 제재를 피한 상태에서 핵미사일 개발을 더욱 고도화할 가능성도 있습니다. 고도의 선전으로 북한이 평화 국가라는 이미지를 세계에 알리는 전략을 쓰지 않을까 생각합니다."

과연 김정은은 비핵화의 길을 걸을 것인가. 북한이 경제를 비롯해 여러 방면에서 협력을 끌어내고 국제사회에서 투자를 유치하려면 북미관계 정상화가 불가피한 상황이다. 그러나 과거 리비아의 예를 보면, 핵을 포기하고 미국과 국교 정상화를 했지만 결과직으로 카다피 정권은 붕괴했다. 김정은이 이 사실을 모를 리 없다.

또 한 가지, 미얀마의 경우를 생각해야 한다. 미얀마와 미국은 국교 정상화를 했지만 미얀마 군부가 아웅 산 수 치의 인권을 탄압하자 미국은 일방적으로 대사관을 폐쇄했다. 다시 말하면 북미관계 정상화는 북한이 국제사회로 나아가는 데에는 매우 유효하지만 절대적인 조치는 아니라는 얘기다. 김정은도 좀더 안정을 보장받을 수 있는 카드로 미국과의 관계를 고심할 수밖에 없을 것이다.

조성렬
국가안보전략연구원 수석

"한반도의 평화체제나 북미관계의 정상화 그리고 한반도 평화 공존의 제도화를 보장받는 부분은 남북의 문제로만 볼 순 없습니다. 미국의 동의 없이는 사실 불가능하기 때문에 김정

은은 이번 남북정상회담과 북미정상회담을 패키지로 생각했
을 테고요, 그렇기에 의외로 한반도에 커다란 변혁을 불러올
수도 있습니다."

북한의 핵 문제와
한반도 평화

　　　　　　2017년 8월 15일, 문재인
대통령은 광복절 경축사에서 대한민국의 동의 없이는 어떤
전쟁도 안 된다는 입장을 강하게 표명했다. 김정은은 이런 문
재인 대통령에 대해 강한 신뢰감을 표시한 것으로 알려졌다.

　해가 바뀌고 2018년 4월 27일, 온 국민의 감동 속에서 남북
정상회담이 성공리에 치러졌다. '한반도의 평화와 번영, 통일
을 위한 판문점 선언' 이후 김정은은 자신의 길을 어떻게 걸
어갈 것인가?

조성렬
국가안보전략연구원 수석

"자신들이 목표로 내세우고 있는 경제 강국, 나아가서 사회주의 강국을 향한 돌파구를 마련할 수 있지 않을까 하는 기대감을 갖게 된 것 같습니다."

윤미량
전 통일부 남북회담 상근대표

"우리가 짚고 넘어가야 할 것은 북한이 핵을 정말 버릴 것인가 하는 문제입니다. 국제 정치를 볼 때 핵실험에 성공하고 핵을 버린 나라는 없었습니다. 더욱이 리비아라는 반면교사가 있기 때문에 북한은 핵을 포기하기 어려울 겁니다. 비록 남북정상회담에서 비핵화 선언이 나왔지만 트럼프 대통령과 공화당은 철저하게 검증을 하자고 할 겁니다."

문상균
전 국방부 군비통제 차장

"지금 북한 내에서는 남북정상회담을 성공적으로 마쳤으니 이젠 북미정상회담을 앞두고 전략적 고민을 하고 있을 겁니다. 북한 지도부는 장고에 장고를 거듭하고 있겠지요."

곽길섭
전 국가정보원 대북정보관

"북한이 궁극적으로 원하는 것이 무엇인지 제대로 인식할 필요가 있습니다. 트럼프와 김정은의 성격이 화끈하기 때문에 결론이 빨리 날 것이라고 보는 시각은 상당히 위험합니다."

얼마 전까지만 해도 연이은 핵과 미사일 도발 때마다 김정은은 '폭주하는 미치광이'로 묘사되곤 했다. 하지만 김정은은 강성대국이라는 목적을 달성하기 위해서 젊고 실무에 능한 인물들을 발탁하고 있다. 한정된 국가 자원 속에서도 목표를 위해 합리적인 선택과 결정을 하고 있는 것이다.

지금까지 김징은 집권 7년 동안 이떤 변화가 일어났는가를 살펴봤다. 그가 어떤 행보를 보이든 한 가지 확실한 것은 북한을 움직이는 실세들의 권력이 이동했다는 사실이다. 그런데 한 가지 의문이 남는다. 김정은은 왜 갑자기 대외적으로 적극적인 대화에 나선 것일까? 내부가 안정됐다면 지금처럼 폐쇄적인 태도를 고수할 수도 있지 않겠는가. 뭔가 다른 문제가 있는 것은 아닐까? 패널들의 대화에서도 여러 번 나왔던 강력한 대북 제재에 이유가 있을 듯했다.

북한과 김정은에 대해 좀더 내밀하게 알려면 북한 내부만이 아니라 외부의 상황도 알 필요가 있었다. 제작팀은 북한 너머 해외로 눈을 돌렸다. 그곳에서는 북한을 움직이는 숨은 사람들이 있었다. 북한에서 세계 각국으로 파견된 노동자들, 북한 경제를 움직이는 달러 히어로즈의 이야기다.

03
부

북한
경제를
지탱하는

달러
히어로즈

해외에서 일하는 북한 노동자들

해외 북한 노동자들의 역사

북한은 1948년부터 소련에 노동자들을 파견했다. 당시는 외화벌이보다 정치적인 목적이 더 컸다. 1967년 소련과 상호우호협정을 맺은 후 북한은 범죄자들을 중심으로 1만 5,000여 명의 벌목공을 소련에 보냈다. 소련은 전통적인 우방국이었기에 북한에 많은 원조를 했고 이에 대한 보상으로 노동자들을 보낸 것이다. 이때부터 북한 노동자들의 해외 파견이 확대됐다.

155

1970년대에는 아프리카 마다가스카르의 대통령궁, 중앙아프리카공화국의 의사당 건물 등을 무상으로 건설해주고 정치적 동맹관계를 이어갔다. 이때부터 해외에 보낼 노동자들을 범죄자가 아닌 일반 인민 중에서 선발하기 시작했다. 해외 파견 노동자들은 국가가 직접 관리했고 임금 또한 북한 정권에 귀속됐다. 1990년대 러시아 푸틴 정권 시대에는 러시아로 파견된 북한 노동자들의 임금이 아예 러시아 업체에 귀속되는 일도 있었다. 러시아에 대한 북한 정부의 채무를 탕감하기 위해서였다.

외화 획득을 목적으로 한 노동자 해외 송출은 김정일 시대에 더욱 본격적으로 이뤄졌다. 정치적인 이해관계보다 외화 획득이 더 우선적인 목적이 됐다. 소련이 붕괴된 이후에도 러시아에 지속적으로 노동자들을 보내는 한편, 중국을 포함한 아시아 각국과 동유럽 등 약 45개 국가에 파견했다. 파견 규모가 커지면서 선발 기준도 점차 낮아졌다. 뇌물 등의 로비를 통해 파견 노동자로 선발되는 경우도 생겼다. 전통적인 우방국이나 사회주의 국가가 아닌 제3국으로도 노동자들을 파견했다. 단순 노동인 벌목과 건설 외에 요식, 수산, 봉제, 호

텔업, IT, 의료 등 활동 분야도 넓어졌다. 이런 변화가 일어난 이유는 경제적인 목적이 더욱 중요해졌기 때문이다.

김정은 시대에 더 활발해진
해외 노동자 송출

북한의 노동자 해외 파견은 2011년 김정일의 사망 이후 김정은 시대에 더욱 확대됐다. 김정일 시대에 노동자 파견이 산발적이고 다수의 국가를 상대로 했다면, 김정은 시대에는 이런 형태에도 변화가 일어났다. 정부 주도로 노동자를 관리해 외국으로 파견하던 모습에서 정부 산하기관이 각각 개별적으로 주도하는 양상으로 바뀌었다. 집중적이고 중요한 국가 추진 사업으로 자리매김한 것이다. 이와 함께 북한 노동자의 해외 파견이 눈에 띄게 늘었다. 태권도 교관, 군 관리 업무자, 디자인 전문가 등 예전에 없던 전문 인력이 추가되고 분야도 더 다양해졌다. 그러나 파견 노동자들의 외화 수입이 북한 당국에 귀속된다는 점에는 변함이 없다.

김정일과 김정은 시대에 북한 노동자들의 해외 파견 규모가 확대된 이유는 무엇일까? 크게 두 가지를 꼽을 수 있다. 첫째는 대북 경제 제재가 시작되면서부터 국제사회에서 고립되자 정상적인 무역으로 경제 교류를 할 수 없게 됐다는 점이다. 게다가 4차 핵실험 이후 개성공단이 폐쇄되자 남한에서의 외화 획득마저 어려워졌다. 둘째는 아이러니하게도 북한의 노동력 공급 가능성이 확대됐다는 것이다. 중국 경제가 발전함에 따른 중국 내 노동자 임금이 상승했고, 이는 북한의 저렴한 노동력에 대한 수요를 촉발했다. 또한 러시아의 극동 개발 사업이 본격화되면서 노동 강도가 높은 직업에 대한 제3국 파견 노동자들의 공급이 감소하자 그 빈자리를 북한 노동력이 대체하게 됐다.

북한 노동자들이 파견되는 국가는 주로 중국과 러시아, 몽골 등과 같이 전통적 우호관계에 있는 나라들이다. 나라마다 수만 명의 노동자를 파견함으로써 적지 않은 외화를 벌어들이고 있다. 사회주의와 관련이 깊은 동유럽 국가들과 정치적 우호관계에 있는 중동 및 아프리카의 여러 나라에도 노동자를 파견했다. 외국에 파견된 북한 노동자들의 숫자는 연구 기관마

북한 해외 송출 노동자 현황(북한인권정보센터, 2015년)

다 발표치가 다르다. 북한인권정보센터는 2015년 기준 5만 여 명으로 추정했고, 2015년 미국 ABC 뉴스는 9만 여 명이라고 밝혔는가 하면 2016년 북한 해외 노동자의 인권 연구에서는 약 12만 명으로 추정하기도 했다.

북한 해외 노동자들은 가혹한 노동에 시달리며 불공정한 대우를 받고 있다. 열악한 숙소 환경, 영양이 충분하지 못한 식사, 부족한 휴식 시간, 외출 제한, 미흡한 의료 등에 극심한 통제 시스템까지 북한 노동자의 인권이 중요한 이슈로 떠오르기도 했다. 게다가 노동의 대가로 받는 임금 대부분을 북한 당국에 직간접적인 방법으로 강제 상납하고 있다.

북한 해외 노동자들의 실태가 어떠한지를 파악하기 위해 제작팀은 지난 1년 6개월 동안 해외 각지를 찾아다니며 취재했다. 정든 고향을 떠나 머나먼 이국에서 힘든 노동에 시달리는 북한 노동자들의 육성도 직접 들었다. 북한의 달러 히어로즈, 그들은 북한 정권의 빛인 동시에 그림자였다.

중국으로 간
북한 여성 노동자들

가장 많은 북한 노동자가
일하고 있는 중국

북한이 아시아에서 수교를 맺은 국가는 총 26개국이다. 이 중 관계가 가장 돈독한 나라는 북한의 가장 큰 우방국인 중국이다. 중국은 북한의 한국전쟁 혈맹국으로 북한 정부 수립부터 지금까지 정치적·경제적으로 가장 밀접한 관계를 유지해왔다. 지리적으로도 국경을 접하고 있기에 노동자 파견이 가장 쉬우며 육로 이동이

가능하다는 장점을 지니고 있다.

게다가 중국은 현지 북한 노동자들이 탈북할 경우 공안이 개입해 직접 색출하여 강제로 북송시키고 있다. 이런 점도 북한이 중국으로 노동자들을 많이 보내는 이유 중 하나일 터이다. 중국에 파견된 북한 노동자는 김정일 집권 때부터 늘어났는데 김정은 집권 시기에는 더 큰 폭으로 증가하고 있다.

2016년 두만강 유역의 투먼시는 조선투자합영위원회와 북한 노동자 2만 명의 고용계약을 맺었다. 훈춘시는 북한 노동자 3,000명을 고용했고, 옌지시는 북한 IT 기술자 1,380명을 신청했다. 이 외에도 중국 내 수많은 지역에 북한 노동자들이 파견되어 일하고 있다. 공식적으로 파악되는 북한 노동자 수는 최소 7만 명이지만 비공식적으로 일하는 노동자들까지 고려하면 10만 명이 넘을 것으로 보인다. 중국 내 임금이 가파르게 상승하면서 북한의 값싼 노동자로 대체되는 현상도 보인다.

권영경
통일교육원 교수

"중국 자체가 전 세계의 공장이잖아요. 그런데 문제는 중국이 2010년대 이후부터 임금 상승이 굉장히 급격하게 일어났다는 겁니다. 그리고 노동력 부족 현상도 일어납니다. 심지어 명절 같은 때 집에 가면 돌아오지 않기도 하거든요. 예전에 한국 경제가 겪던 현상을 중국이 2010년대부터 겪기 시작했는데 이걸 메워줄 분야가 어딘지 찾았던 거죠."

그러나 든든한 우방국 중국에서도 북한 노동자들의 철수 움직임이 있었다. 2017년 10월 채택된 유엔 안전보장이사회 대북 제재 결의 2375호는 기존에 파견된 북한인 노동자의 노동허가증을 갱신하지 못하도록 했다. 나아가 12월에 채택된 결의 2397호에서는 북한 노동자를 2019년 말까지 모두 귀국시키도록 하는 등 제재가 더욱 강화됐다.

공장은 물론 식당에 이르기까지 대대적인 단속이 시작됐다. 근무 조건이 까다로워지면서 전체 북한 노동자의 80퍼센트 이상이 북한으로 돌아가는 사태가 벌어졌다. 북한 외무성도 중국 정부와 최대한 마찰을 피하려고 철수시키는 상황이었다.

그러나 2018년 3월 김정은의 중국 방문 이후 확연히 달라지고 있다. 아직은 소규모이지만 북한 노동자의 중국 파견이 재개되고 있다. 중국에서 철수하는 북한 노동자의 행렬이 멈춘 대신 신규 파견되는 북한 노동자들의 모습이 목격되고 있다. 북한 노동자로 보이는 젊은 여성들을 태운 버스 여러 대가 신의주에서 압록강 철교를 넘어 단둥으로 들어와 노동자들을 내려놓는 광경을 목격했다는 소식도 들린다.

사실인지 확인해보기 위해 단둥을 찾았다. 단둥은 북한 신의주를 마주 보고 있는 최대의 국경도시로 북한 노동자들의 발길이 끊이지 않는 곳이다. 북한과 중국의 물자와 사람, 돈이 오가는 가장 중요한 통로인 이곳에서 북중 무역의 70~80퍼센트가 이뤄진다. 중국에서 북한 노동자가 가장 많은 곳이며 상주하는 북한 인력만 약 3만 명으로 추산된다.

단둥의 주민들은 "이미 일하고 있던 노동자들도 단둥에서 신의주로 넘어갔다가 하루 만에 다시 들어오고 있습니다. 도

강증(통행증) 유효기간이 만료되어 이를 갱신하기 위해서 조선에 잠시 들어갔다 나오는 거죠"라고 말했다. 북한에 입국한 무역 주재원 중 일부는 중국에 신규로 파견할 노동자들을 모집하고 있는 것으로 알려졌다. 사업체를 알선해달라는 전화가 평양에서 자주 걸려온다고 했다.

단둥의 상황을 직접 확인하기 위해 압록강철교에서 5분 남짓 떨어진 곳에 있는 단둥세관으로 갔다. 평양북도 번호판을 단 북한 차량들이 줄지어 들어서고 있었다. 버스 한 대가 세관에 도착했고 앳된 얼굴의 여성들이 우르르 내렸다. 단둥에

| 국경도시인 단둥은 북한과 중국 간에 물자와 사람, 돈이 오가는 중요한 통로다.

| 단둥에서 일하는 북한 여성 노동자들

서 일한다는 북한 여성 노동자들이었다. 그들 중 한 명과 이
야기를 나누었다.

김영순(가명) 북한 노동자

"재봉 일을 하고 있어요. 공장 생활은 생각보다 힘들어요. 일
하는 것도 힘들고 배우는 것도 힘들고 눈 아프고 고달파요.
그래도 벌이는 여기가 더 나아요."

단둥 시내로 들어서자 한글 간판이 많이 보였다. 몇 번의
시도 후에 제작팀은 인터뷰를 할 수 있는 북한 노동자들을

찾을 수 있었다. 그들은 현재의 중국과 북한 노동자들에 대해 허심탄회한 이야기를 들려주었다.

리수철(가명) 북한 노동자

"한 달에 4,500원 줘도 중국에선 많은 돈이 아니기 때문에 중국 사람들은 일하려고 하지 않아요. 그런데 우리는 하거든요. 새벽 2시든 3시든 심지어 밤샘 작업도 해요. 기술도 좋고 관리도 잘 되고요."

단둥의 북한 여성 노동자들

제작팀은 단둥에서 북한 여성 노동자들이 일하고 있는 의류 공장을 취재할 수 있었다. 공장 안으로 들어가자 수십 명의 노동자가 작업대 앞에 앉아 미싱을 돌리고 있었다. 대부분 20~30대였다. 그들은 책임감이 강하고 손재주가 좋아 불량률이 거의 없다고 했다. 해외 유명 스포츠 의류를 생산하고 있는 공장 사장은 품질에 대한 자부심이 높았다.

권영경
통일교육원 교수

"수출 부분에서 통계를 추산해보면 위탁 가공 교역이 2013년

이후부터 20퍼센트 이상 넘어가면서 2위가 돼요. 2016년에는

이 수치가 32퍼센트까지 늘어납니다. 일부는 북한에 원부자

재를 들여보내 생산하기도 해요. 북한 노동력과 공장을 활용

하는 위탁 가공 교역을 해서 자기들의 기존 섬유 수출 부분을

유지하는 거죠."

법정 하루 근무시간은 아홉 시간이지만, 이들은 공장 내 숙

소에서 생활하면서 하루 열두 시간 이상 일하고 있었다. 몇

년만 고생하면 가족과 윤택하게 지낼 수 있다는 희망을 안고

서 말이다. 북한 당국의 엄격한 심사를 거쳐 중국에 파견된

북한 노동자들의 인건비는 평균 2,000~3,000위안(약 34~50만

원)으로, 중국 노동자의 절반 수준이었다.

점심시간이 되자 노동자들이 하나둘 식당으로 모여들었다.

이들은 외부인과의 접촉을 피하려고 단체 생활을 하기에 공

▍공장 내 숙소에서 생활하면서 하루 열두 시간 이상 일하는 북한 노동자들

장 식당에서 세끼 식사를 전부 해결했다. 반찬은 네 가지, 김치와 젓갈류가 전부였다. 매일 해야 하는 힘든 노동에 비하면 식단은 부실해 보였다. 그들은 서둘러 식사를 끝내고 설거지까지 마친 후 바로 일터로 돌아갔다.

제작팀은 오랜 설득 끝에 인력 브로커를 만나 이들의 실태를 들을 수 있었다. 그는 중국 공장 측에서 숙소는 무료로 제공하고 식대는 월급에서 제한다고 했다. 그리고 이윤을 더 남기기 위해 일부 업체에서는 식사의 질을 낮추는 편법까지 쓴다고 했다.

인력 브로커 A

"밥값을 식대에서 제해요. 대개 한 달에 300위안 정도인데, 제가 보기엔 300위안이 안 되는 밥을 먹을 거예요. 1인당 50위안만 줄여도 10명이면 500위안이고 100명이면 5,000위안이잖아요. 300명이면 1만 5,000위안 정도 되고요. 이게 1년 동안 쌓이면 사장 입장에선 큰돈인 거죠."

다른 곳도 비슷한 상황일까? 의류 분야와 함께 북한 여성들이 많이 진출해 있는 분야가 수산물 가공업이다. 단둥 외곽의 한 조개 공장을 찾아가 보았다. 파란색 유니폼을 입은 20~30대 여성들이 작업대에서 조개를 씻고 크기별로 선별 작업을 하고 있었다. 신의주와 평양에서 선발돼온 노동자들이라고 했다.

중국인 사장은 근면하고 인건비가 저렴한 북한 노동자에 대해 만족스러워하고 있었다. 시간 외 근무가 가능하고 각종 사회보험에 가입시킬 필요가 없을뿐더러 무엇보다 관리가 쉽다고 했다. 이곳에서도 노동시간은 고용자 마음대로인 듯했다.

무엇보다 안타까운 점은 북한 노동자들이 중국이 보장해야 하는 각종 사회보장 혜택을 받지 못하고 있다는 사실이었다. 중국은 자국 내 외국인 근로자에게 사회보험 가입을 의무화하고 있다. 2011년 11월부터 시행 중인 '중국 내 취업 외국인 사회보험 가입에 관한 임시 방안'에 따르면 중국에서 일하는 외국인 파견 노동자는 중국 5대 사회보험에 가입해 중국인과 동일하게 양로, 의료, 실업, 산재, 출산 등의 혜택을 받을 수 있다.

그러나 중국에 파견된 북한 노동자들에게는 남의 나라 이야기에 불과했다. 인건비 절감을 위해 중국 측 기업과 북한 측 기업이 노동자들의 사회보험 가입을 누락시켰기 때문이다. 일을 하다가 몸이 아프거나 다쳤을 경우엔 보험 혜택 없이 본인이 비용을 전액 부담해야 하기 때문에 치료가 쉽지 않을 터였다. 게다가 이들은 월급의 70퍼센트 이상을 북한 당국에 상납하고 있었다. 아무리 열심히 일해도 형편이 나아질 수 없는 구조다.

중국 농촌에 탈북자들이
많아지는 이유

북한 노동자들은 일손이 부족한 중국의 농촌에서도 없어서는 안 될 존재다. 도시보다 감독관의 손길이 덜 미쳐 몰래 나와 일하는 사람들도 많다고 했다. 불법으로 일하고 있는 사람들의 상당수가 장마당에서 장사할 돈을 마련하기 위해서였다. 특히 중국 선양에는 조선족이 많이 살고 있어서인지 이곳에 은신하며 살고 있는 탈북자들이 많다고 했다. 선양의 농촌에 살고 있는 탈북자를 만나 이야기를 들어보았다.

리영철(가명) 선양의 농촌에 은거하는 탈북자

"북한 해산에서 지린성 장백현 쪽으로 많이 넘어와요. 가을엔 물이 빠져서 무릎까지밖에 안 차요. 도시 시내는 검사가 심하니 대개는 지방 농촌으로 가죠. 중국 정부에서도 단속은 하는데 땅이 하도 넓으니 구석구석 뒤지긴 힘들거든요. 한 달만 일해도 북한에서 몇 개월 살 수 있어요. 두 달 열심히 일하면 1년도 먹고살아요. 농촌에서 일하면 먹고 자는 것도 다 해결

되고요. 벌목도 하고 인삼도 재배하고 옥수수도 거두고 약초
도 캐고…."

중국 경제가 성장하면서 힘든 일을 기피하는 현상이 생기
자 중국은 부족한 노동력을 확보하기 위해 북중노무박람회
를 개최하는 등 북한의 노동 인력을 적극적으로 활용해왔다.
그 결과 단동과 투먼, 훈춘 등 북중 국경지대에는 2만 명이
넘는 북한 여성 노동자가 넘어와 있다. 이들은 대부분 봉제와
식품 가공 공장에서 일한다.

중국의 경제 성장을 위해 북한의 노동력은 없어서는 안 될
존재가 됐다. 고강도 노동, 불합리한 처우, 감시와 처벌에서
자유롭지 못한 생활, 현지인보다 낮은 임금을 받는데도 북한
에서 일하는 것보다 벌이가 낫다는 이들이 많았다. 이것이 값
싸고 질 높은 노동력을 바라는 중국과 외화 획득을 원하는
북한의 밀월관계가 이어지는 이유일 것이다.

러시아의
북한 노동자들

도망친 사람들

북한이 최초로 소련(러시아)에 노동자를 파견한 시기는 1948년이었다. 1967년 소련과 상호 우호협정을 맺은 이후 북한은 많은 노동자를 소련에 파견했다. 김일성 집권기를 지나 김정일과 김정은에 이르기까지 러시아에 노동자들을 지속적으로 파견했는데, 여기에는 크게 세 가지 이유를 꼽을 수 있다.

첫 번째는 지리적 조건이다. 국경을 접하고 있는 지역이기

러시아는 북한과 국경이 맞닿아 있어 노동자를 파견하기에 유리하다.

에 노동자를 파견하기 쉽고 이동도 수월해서 파견 비용이 저렴하다. 두 번째는 전통적 우방국이라는 점이다. 세 번째는 러시아의 극동 개발을 들 수 있다. 러시아는 극동 개발 추진 사업을 본격화하면서 외국 노동자들을 받아들였는데, 열악한 노동 환경에다 최근 인건비까지 상승한 탓에 제3국 노동자들의 수가 확연히 줄어들고 있다. 반면 북한 노동자들은 인건비가 저렴하고 통제가 쉬운 데 비해 노동의 질이 높아서 수요가 늘고 있다.

러시아의 북한 노동자들에 대한 이야기는 탈북자들을 통해 조금씩 세상에 알려지기 시작했다. 수개월을 찾은 끝에 박태호(가명) 씨와 만날 수 있었다. 1980년대 초반 그는 러시아 극동 지역으로 일을 하러 떠났다. 시베리아 벌목 캠프에서 트럭을 운전하는 일을 했다고 한다.

박태호(가명) 러시아에서 일했던 탈북자

"당시 소련에 있던 건 진짜 자동차가 아니었어요. 수레였어요! 너무 추우면 히터도 작동을 안 했고요. 작은 스토브가 있었는데 불에 디젤을 떨어뜨려서 불꽃이 꺼지지 않도록 했어요. 작은 나무 조각을 심지로 썼고, 나무 위에 디젤을 부었어요. 그렇게 하지 않으면 불이 안 붙었어요. 앞 유리는 얼음이 가득 껴서 운전을 할 수도 없었어요."

그는 북한에서 어려운 어린 시절을 보냈다. 일곱 살 때 아버지가 정치범으로 몰려 수용소로 끌려갔다. 가족들은 낙인이 찍혔고 통제가 극심한 북한 시스템에서는 직업을 구할 수가 없었다. 1982년 해외 노동 프로그램의 일부로 러시아로 갈 수 있게 되자 희망에 부풀었다. 열심히 일해서 저축해 가족과 함께 살고 싶었다.

그러나 현실은 꿈과 너무나 달랐다. 엄청난 착취를 당했던 것이다. 생각지도 못한 일이었다. 기본 월급에서 7퍼센트만 받을 수 있었고 나머지는 북한 당국으로 송금됐다. 몇몇 노동자가 러시아 측에 월급을 직접 지급해달라고 요구했는데, 그들은 어느 날 보호 관리 대상이 되어 사라졌다. 이민국에서 알려준 죄목은 '비도덕적 행동'이었다. 그 후부터는 아무 말도 할 수 없었다.

그래도 러시아에서 7년을 살았다. 북한으로 돌아가도 가난 속에서 사는 것 외에 다른 방법이 없었기 때문이다. 추운 겨울 난방도 되지 않는 방에서 지독한 감기몸살을 앓았다. 눈물과 땀이 멈추지 않아 덮고 있던 담요를 몇 번이나 돌려 덮어야 했다. 그동안 일하다가 죽은 동료들이 늘었다. 그는 결국 아들과 부인을 데리고 탈북하기로 마음먹었다.

러시아에서 일하는 북한 노동자들의 실상을 알게 해주는 또 한 사람을 만날 수 있었다. 현지 인맥을 통해 거의 20년 전 작업 부대에서 도망친 사람을 만났다. 그는 개인적으로 일을 하면서 북한 정보원들의 눈에 띄지 않도록 숨어 살고 있었다.

리순용(가명) 러시아에서 은거 중인 북한 노동자

"처음 러시아에 나왔을 땐 신기한 물건이 많았죠. 북한은 그런 게 없었으니까. 이야, 돈만 있으면 다 사 가고 싶더라고요. 북한에 들어갈 때 처음엔 라디오 같은 거 사 가고, 그다음엔 부인이 겨울옷 사 오라고 해서 아들 옷이랑 사 가고 했죠. 얼마나 좋아했는지 몰라. 옆집에서도 정말 부러워하고. 가족들 생각하면…. 살아는 있을까… 산골로 죄다 추방했을 거야. 당시 사람들이 많이 굶어 죽을 때니까 산골로 보냈으면 죽었을지도 모르고…. 20년 전이니까…. 아들이 유치원 다녔는데 그때 일곱 살이 안 됐어요."

그는 러시아에 나와서 신문도 보고 외국의 여러 가지 일도 접하면서 생각이 많이 바뀌었다고 했다. 북한에 있을 땐 생각도 못 하던 일들이었다.

리순용(가명) 러시아에서 은거 중인 북한 노동자

"여기 있으니까 알 수 있는 것들이죠. 지금 북한 사람들은 모를 거예요. 밖에서 일하던 사람들이 들어가면 이야기를 하게

되죠. 물론 말을 못 하게 되어 있으니까 다는 말하지 못 하겠 시만. 그래도 한 번 나오고 두 번 나오고 하면서 생각이 달라 지지. 여기 이렇게 있으면 지나가는 노동자들을 보게 되는데 예전에 같이 일하던 동무들 생각도 나고 그래요. 하지만 접촉 할 생각은 안 해요. 신분이 드러날까 봐 겁나는 것도 있고. 우 리는 정말 일 많이 했어. 지금도 그렇겠지. 고생하면서도 돈 은 얼마 벌어가지 못할 거라고 생각해요. 추워지면 옷도 따뜻 하게 입지 못하고 일할 텐데 불쌍하지. 자유롭게 살면서 돈 벌면…, 여기선 다 돈 벌 수 있는데. 도와주고 싶어도 내 위 치가 그러니까 옆에는 못 가. 예전에는 경찰이 제일 무서웠어 요. 하지만 한국 선교사들의 도움으로 임시 신분증을 받고 나 자 경찰은 더는 무섭지 않아요. 이젠 정보원들이 저를 알아볼 까 두렵죠. 노동자들, 일을 해도 돈을 거의 못 받을 거예요. 우리도 돈은 담당자들이 관리하고 노동자들은 식권 같은 것 만 받았어요. 담당자들은 북한에서 뽑혀서 온 사람들이에요. 그들은 노동자들의 돈을 넘겨받을 방법을 찾죠."

해외 노동자가 원동력이 된
시장경제 활성화

제작팀은 러시아에서 일하는 북한 노동자들의 현장을 살펴보기 위해 블라디보스토크를 찾았다. 시베리아 횡단철도의 종착지이자 출발지인 블라디보스토크는 1860년 제정 러시아가 러시아 해군항구로 지정하면서 발전하기 시작했다. 1897년 블라디보스토크에서 하바롭스크까지 772킬로미터에 이르는 철도가 완성됨에 따라 태평양 진출의 관문으로 급부상했다. 2015년부터 해마다 동방경제포럼(EEF, Eastern Economic Forum)이 열리는 곳이기도 하다.

러시아 중앙정부는 2012년 블라디보스토크 APEC 정상회담을 계기로 이곳을 아시아·태평양 지역 국제협력센터의 중심지로 육성하려는 계획을 세웠다. 국제 정치 및 경제의 중심지로 개발하기 위해 국무총리가 위원장인 극동 러시아 개발 국가위원회를 설치해 지역 개발과 관련된 다양한 사업을 주관하고 있다.

러시아 극동 지역의 다양한 개발 사업을 성공적으로 해내기 위해서 가장 먼저 해결해야 하는 것이 노동력 문제였다. 이것이 러시아와 북한의 관계를 보다 긴밀하게 한 것이다. 북한으로서는 러시아에 노동자를 보내 외화벌이를 할 수 있는 절호의 기회를 맞은 셈이다. 그러나 북한 노동자의 본격적인 러시아 진출은 이때보다 훨씬 이전으로 거슬러 올라간다.

2002년 8월 23일 블라디보스토크에서 푸틴과 김정일의 만남이 있었다. 블라디보스토크 북러정상회담은 비공식 실무회담으로 개최됐기 때문에 공동선언이 발표되지 않았다. 그러나 이후 러시아 외무부 홈페이지에 등록된 푸틴의 기자회견 내용에 따르면 양국 정상은 국제 문제와 한반도 문제, 그리고 양국 간 정치 및 경제 협력 문제를 논의한 것으로 보인다. 경제적인 측면에서는 전력 분야를 중심으로 산업시설 개 · 보수를 위한 러시아의 지원과 협력이 논의됐다. 그 밖에도 임업 · 어업 · 광업 · 농업 · 건설 등 다양한 분야에서 협력을 강화하기로 했다.

북한 노동자의 러시아 파견은 이미 30여 년 넘게 진행되어 왔지만 2007년 8월 31일 체결된 '북러 한시적 근로 활동에 관한 협정'으로 본격화됐다. 이 협정에 따르면 6촌 이내에 정치범과 경제사범이 없으며, 출국 전 5년간 정치 행사에 참여한 이력이 확인되고, 최근 5년간 안정적인 거주지가 확인되며, 기술 자격증 및 신체검사 자격증이 있는 경우 파견 조건에 해당했다.

북한 노동자를 필요로 하는 러시아 기업과 북한 회사 사이에 노동계약이 체결되면 러시아 기업이 발행하는 초청장으로 노동비자를 발급받고 러시아에 입국할 수 있었다. 표준화된 고용계약서는 없었다. 체류기간은 보통 5년이었지만 북한에서 일하는 것보다 돈을 많이 벌고 자유롭기 때문에 뇌물을 주고 연장하는 경우도 많다고 했다. 이렇게 해외에서 북한 사회로 유입된 돈은 장마당 같은 곳에서 장사를 하는 종잣돈으로 쓰이기도 했다.

권영경
통일교육원 교수

"해외에서 일하고 귀국할 때는 적지 않은 돈을 가지고 오고 가족들에게 선물하거나 개인들이 보따리로 갖고 들어오는 물

품들이 생기지요. 그러면서 북한의 시장경제를 활성화시켰다
고 봅니다. 이런 현상들은 예전 한국 경제에서도 나타났죠.
1960년대 말에서 1970년대 초에 월남이나 중동 지역에 굉장
히 많은 노동자가 일하러 나갔고, 그들이 부쳐준 돈이 한국
경제를 활성화했죠."

　2014년 12월부터 러시아는 외국인 노동자에 대해 노동허
가증을 부여하는 심사를 시행해왔다. 관련 시험을 주관하는
교육기관은 러시아 모스크바대학교로 시험 과목으로는 러시
아어 읽기, 쓰기, 문법, 독해, 회화를 비롯하여 러시아 역사와
러시아연방 기본법률 등이 있다. 외국인 노동자가 노동허가
증을 받으려면 특히 러시아어 습득이 필수다. 하지만 북한 노
동자들은 러시아어를 하지 못해도 괜찮았다. 이런 모순을 어
떻게 해결해왔을까? 노동허가증을 돈으로 사거나 러시아어가
가능한 노동자가 대신 연수에 참가해 대리 시험을 치렀다. 브
로커를 통해 50~100달러의 비용을 지급하고 허가증을 받는
경우도 있었다.
　2016년 6월부터 외국인 노동자 관할이 연방이민청에서 내

무부로 넘어감에 따라 경찰이 북한 노동자를 검문할 수 있게 됐다. 근로 현장, 숙소 등을 빈번히 단속해 노동허가증 소지 및 불법체류 여부 등을 확인한다고 한다. 그렇지만 실제적인 단속은 거의 이뤄지지 않는 듯하다. 일례로 2016년 음주운전과 속도위반으로 연해주 지역의 북한 노동자 두 명이 추방되고, 탈세 등의 이유로 회사 또한 폐쇄 명령을 받은 일이 있다. 하지만 노동자들은 다른 회사로 소속을 변경해 계속 일했다고 한다. 최근 들어서는 러시아 당국의 감시를 피해 북한 회사들이 노동자에 대해 부당한 처우를 하거나 회사 차원에서 조직적으로 탈세를 하는 경우가 많아져서 노동 환경의 질이 더욱 떨어지고 있다.

블라디보스토크의 북한 노동자들

블라디보스토크 곳곳에서 북한 노동자들을 보는 일은 어렵지 않았지만 가까이에서 취재하기는 쉬운 일이 아니었다. 수소문 끝에 제작팀은 북한 노

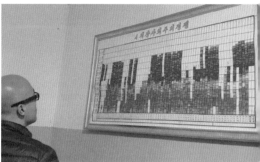

▌블라디보스토크에서 북한 노동자들이 집단으로 생활하는 곳 풍경

동자들이 집단으로 생활하는 곳을 알아냈다. 블라디보스토크 외곽, 비포장도로를 한참 달려 도착하자 CCTV가 설치된 건물이 나타났다. 안을 들여다볼 수 없도록 안에는 비닐이 붙어 있었다.

삼엄한 주변 경비와는 달리 문이 열려 있었다. 숙소 내부로 들어서자 '사회주의', '인민', '김정은 동지' 같은 낯익은 선전 문구가 적힌 현판들이 보였다. 〈로동신문〉도 보기 좋게 진열되어 있었다. 러시아 속의 작은 북한처럼 느껴질 정도였다. 거실 벽에는 작업조별 실적이 표시된 국가계획 수행 경쟁표와 함께 개인별 실적표가 붙어 있었다. 책상 위에 관리자가 두고 간 듯한 수첩을 펼치자 의뢰받은 내용이 빼곡하게 적혀

┃ 러시아 말을 한글 발음으로 적어놓은 종이

있었다. 일할 곳, 연락처, 건물 비밀번호, 받은 금액까지 상세히 기록되어 있었다.

2층은 주방이었다. 식사 준비는 물론 김치도 직접 담가 먹는 듯했다. 식당에서 볼 수 있는 대형 밥솥도 세 개나 있었다. 모두 일을 나가 텅 비어 있는 숙소는 목욕탕과 세면장 등 대체로 깔끔하게 관리되고 있었다.

숙소에서 북한 노동자를 만나지 못한 제작팀은 북한 노동자가 일하고 있다는 건설 현장으로 향했다. 일할 때 필요한 러시아 말을 한글 발음으로 적어놓은 종이가 바닥에 떨어져 있었다. 제대로 된 안전장비도 없이 고층 건물에서 위태롭게

| 고층 건물에서 위태롭게 일하고 있는 북한 노동자들

외벽을 오가며 마감 작업을 하고 있는 사람들이 보였다. 안전
장치라곤 가느다란 밧줄이 전부였다.

　건물 내부로 들어가자 시멘트를 개고 못질을 하고 벽을 바
르는 등 미장 작업이 한창이었다. 말을 건네자 스스럼없이 대
답을 했다. 낯선 사람들과의 대화에 거리낌이 없는 눈치였다.
노동자들 대다수가 북한에서 건설 관련 일을 했던 경력자들
로 자부심이 대단했다. 힘든 현장 일은 북한 노동자의 몫이라
고 했다. 작업 시한을 맞추기 위해 야간 공사도 마다하지 않
기 때문이란다. 그러나 대화는 금방 중단됐다. 어디선가 나타
난 감독관이 경계하는 눈빛으로 우리를 내쫓았다.

북한 노동자들이 러시아에서 어떻게 생활하는지 자세한 이야기를 들어보기 위해 집수리 공사를 의뢰해보기로 했다. 신문에 광고가 실린 건설 업체에 전화를 걸어 북한 사람이 있는지 확인했다. 바로 사람을 보내겠다고 했다. 현장을 직접 보고 상담을 해줄 것이라고도 했다. 신문 광고만이 아니라 인터넷으로도 이런 업체를 쉽게 찾을 수 있다. 현장 아파트, 오피스텔 수리 등 비싸지 않으면서도 질이 높은 서비스를 보장한다는 내용을 적극적으로 홍보하고 있다. 이들은 작업 책임자의 사진과 이름은 물론 일하는 전 과정을 공개하며 일거리를 찾는다.

❙ 북한 노동자를 적극적으로 홍보하는 인터넷 사이트

전화를 한 다음 날 약속대로 건설회사에서 파견된 북한 책임자가 왔다. 수리할 곳을 꼼꼼하게 점검한 후 임금 협상을 시작했다. 협상이 끝나고 잠시 후 북한 노동자 두 명이 도착했다. 일을 하는 틈틈이 대화를 시도했다.

김희철(가명) 러시아에서 일하는 북한 노동자

"북한에서는 그래도 러시아에 돈 벌러 갔다고 그러면 큰돈 버는 줄 알아요. 주변에서 자랑으로 알죠. 처음엔 말이 통하지 않아서 힘들었어요. 아침부터 저녁 깜깜해질 때까지 일만 했어요. 러시아 사람들이 그만하라고, 좀 쉬라고 해도 아니라고, 일해야 한다고 그랬죠. 그러면서 일을 배웠어요. 정말 힘들었어요. 일이야 잘 했지. 우리처럼 일하는 사람들 러시아엔 없어요. 그런데 그렇게 벌면 뭐해. 다 바치고 나면 남는 게 없어요. 한 달이 멀다고 발전소 지원, 피해지구 지원 등등 충성 분발해서 내라고 합니다. 러시아에서는 한다 하는 교수들 월급이 7만 루블이라고 합디다. 그런데 우리 같은 최하층 노동자가 남의 나라에서 교수 이상 벌어야 해요. 죽도록 일하고도 내 호주머니에 들어오는 돈은 없어요."

또 다른 노동자의 말도 비슷했다. 그러나 그들의 애환은 힘든 노역 말고도 또 있었다. 북한에 두고 온 가족이었다.

리수혁(가명) 러시아에서 일하는 북한 노동자

"나온 지 6년쯤 됐어요. 우리가 돈은 적게 받으면서 일 빨리하고 잘하니까 여기서도 많이 찾지요. 미장의 경우 평당 300~400루블 하면 우린 200~300루블 받거든. 한 달에 10만 루블은 벌어야 해요. 1년 내내 일이 있는 건 아니라서요. 1월부터 4월까진 일이 없기도 해요. 벌 수 있을 때 못 벌면 한 해 벌이가 안 돼요. 힘든 건 둘째 치고 가족이 제일 보고 싶어요. 아이가 너무 보고 싶어요. 이렇게 벌어서라도 공부를 시켜야 해요. 중학교 2학년인데 제대로 공부시키려면 해외에도 내보내야 하고. 우리 때랑은 시대가 많이 달라졌잖아요. 팍팍한 러시아 생활도 아이를 생각하면서 버티는 거죠."

북한 노동자들은 하나같이 자신의 기술에 강한 자긍심을 갖고 있었다. 러시아에서 좋은 평판을 받으며 일할 수 있는 데엔 그들의 실력도 큰 몫을 했다. 실제로 그들을 고용했던 러시아 사람들은 어떻게 생각하고 있을지, 북한 노동자를 고용한 적이 있다는 러시아인의 이야기를 들어보았다.

빅토르 알렉세이비치 북한 노동자를 고용한 적 있는 러시아인

"저의 개인적인 의견도 그렇고 현재 러시아 입장에서 봤을 때 정말 짧은 시간 안에 북한 사람들은 이 분야에서 최고가 됐습니다. 다만 기술력과 성과가 뛰어난데도 돈을 제대로 못 받는다는 게 문제지요. 힘들게 일하는 것에 비해 돈을 못 번다는 것에 많이 억울해했죠. 저희와 함께 일했던 북한 사람 중 한 명은 굉장히 슬픈 사연을 갖고 있었습니다. 그의 아버지는 남한에 있었고 다른 가족은 북한에 있었어요. 일을 마치고 집으로 갈 때도 쫓기는 신세였어요. 혹시라도 돈을 숨기고 있을까봐 계속 감시를 받았던 거지요. 그래서 그는 제게 돈을 맡겼고 제가 보관하고 있었습니다. 정말로 재능이 뛰어난 친구였어요. 대부분 제일 부유하게 사는 집의 리모델링을 맡았었지요. 한번은 욕조를 이탈리아식으로 꾸미고 싶다는 주문이 들어온 적이 있었는데 그 사람은 아주 잘 해냈어요."

빅토르는 일당이 아니라 일을 한 양만큼 돈을 지불했다고 했다. 방이 세 개인 아파트의 작업을 했을 때는 10만 루블(약 172만 원) 정도였다. 빅토르가 말한 사람은 기술이 뛰어났기에 별장의 리모델링 같은 특별한 프로젝트를 맡았을 때는 50만 루블(약 860만 원)을 받기도 했다. 그러나 큰돈을 벌었다고 자신이 부자가 되는 건 아니었다. 거의 다 북한에 내고 나면 남는 것은 겨우 담뱃값 정도에 불과했다.

과도한 근로시간,
쌓이는 생활고

그나마 한때 좋은 일자리로 여겨졌던 러시아의 상황도 급변하고 있었다. 유엔 안전보장이사회가 2017년 12월 북한의 해외 노동자들을 2019년 말까지 송환시키도록 규정한 대북 제재 결의 2397호를 채택하자, 러시아에서도 일부 북한 노동자를 본국으로 돌려보내기 시작했다.

알렉산드르 마체고라 주북 러시아 대사는 한 기자회견에서 이렇게 말했다. "북한 노동자 고용 금지는 러시아 경제에 큰 타격이지만, 우리는 안전보장이사회 결의를 철저히 이행하고 있다. 이는 러시아 경제에 심각한 타격이며 특히 극동 지역이 그렇다. 연해주의 건설은 주로 북한 노동자들의 힘으로 이뤄지고 있으며 그곳에선 약 1만 2,000명의 북한 노동자가 일하고 있다."

알렉산드르 마체고라 Alexander Matsegora
주북 러시아 대사

"러시아는 매년 1만 2,000~1만 5,000명의 북한인들에게 비자를 발급하는데 그중 90퍼센트가 단기 노동비자입니다. 러시아에서 일하는 북한 노동자가 가장 많을 때는 3만 7,000명에 달하기도 했지요. 일각에서는 북한 노동자들이 떠나고 나면 중국 노동자들이 그들을 대체할 수 있다는 주장을 하기도 합니다. 그렇지만 중국의 평균 임금이 러시아보다 높기 때문에 중국인들이 러시아로 일하러 오고 싶어 하진 않을 겁니다."

러시아 외무부는 대북 제재 결의안 채택 후 24개월 이내에 모든 북한 국적 노동자를 본국으로 송환한다는 내용을 충실하게 이행한다고 밝혔다. 이것은 북한 노동자들이 2019년까지는 북한으로 모두 돌아가야 한다는 것을 의미한다.

　　문제는 지금도 북한 노동자들이 가혹한 환경에서 힘겨운 노동을 이어가고 있다는 사실이다. 북한 노동자들은 교외 아파트나 공장 건물에서 단체 생활을 하거나 작업장에서 숙식을 해결하는 경우가 많았다. 회사별로 300명에서 최대 600여 명의 북한 노동자를 관리하기도 하는데 전반적으로 환경이 열악했다. 겨울에 작업장에 난로를 켜놓고 자다가 일산화탄소 중독으로 사망하는 사고가 발생한 일도 있었다. 24층 건물 건설 현장에서 안전장치 미착용으로 작업 도중 추락사하거나 생활고를 비관해 숙소 옥상에서 투신해 목숨을 끊은 사람도 있었다.

　　회사별로 차이는 있으나 매월 국가계획분을 비롯해 소득세, 사회보험료, 거주비, 식비, 관리비 등 각종 부대비용을 내야 한다. 따라서 실제 개인이 부담하는 비용이 수입의 80~90퍼센트에 달하는 것으로 알려졌다. 루블화의 가치 하락으로 중국인 노동자들이 크게 줄어 일자리는 부족하지 않지만, 개인 상납금을 채우기 위해 부업을 하는 것이 일반적이다. 북한 회사도 노동자들이 부업을 위해 회사 숙소가 아닌 곳에서 숙식하는 것을 묵인하고 있다고 한다. 아침 9시부터 오후 5시까지 일하는 노동계약에 따른 근로 이외에 개인적인 부업은 엄연히 불법이다. 하지만 국가계획분과 개인별 상납금, 부대비용을 채우고 개인 몫의 수입을 남기려면 추가 노동이 불가피하다. 이 돈을 내지 못하면 러시아에서 일을 할 수 없다. 그러다 보니 아침부터 밤까지 일하고 다른 현장에 가서 새벽까지 밤새워 일하는 사람도 있다. 이렇게 일해야 수입이 조금이라도 생기기 때문이다.

전 세계로 파견된 북한 노동자들은 노동의 정당한 대가를 받기는커녕 목숨까지 잃는 일도 많다. 이들의 목숨 빚은 과연 누구에게 받아야 할까.

말레이시아 탄광의 민낯

가장 용감한 사람들

　　　　　　　　2014년 11월 22일 말레이
시아 보르네오섬 북서부에 있는 사라왁주의 한 석탄 광산에
서 폭발 사고가 일어났다. 현지 언론은 북한인 광부 한 명 등
외국인 네 명이 숨지고 약간의 부상자가 나왔다고 보도했다.
사고가 난 곳은 깊이가 수백 미터에 이르고 극도로 위험해
현지인들도 일하기를 꺼리는 곳이었다.

　1973년 북한과 수교를 맺은 말레이시아는 2009년 비자면

제협정을 맺을 정도로 북한과 돈독한 우호관계를 유지해왔다. 사라왁은 말레이시아에서 북한 노동자를 채용하는 유일한 곳이었다. 북한은 1980년대부터 사라왁의 탄광과 건설 현장에 노동자들을 적극적으로 파견해 외화벌이 거점으로 이용해왔다. 2017년까지 사라왁 광산에서 일하는 북한 노동자는 약 300명으로 추산됐다.

취재팀은 주민 제이컵 이망의 안내를 받아 사라왁의 석탄 광산으로 향했다. 일하는 사람들은 보이지 않았다. 제이컵은 그가 탄광에 가까이 갈 수 있을 때는 "오직 노동자들이 안 보일 때뿐"이라고 말했다.

제이컵 이망 사라왁 주민

"그들은 광산의 비밀을 다른 사람들이 알기를 원치 않습니다. 이곳엔 정말 많은 비밀이 숨어 있습니다. 이런 종류의 일은 정말 위험한데, 그들은 이 사실을 숨기려고 합니다. 위험하다는게 알려지면 사람들이 일하러 가지 않으리란 걸 알기 때문이겠죠. 광산에 들어가는 사람들은 북한인이라고 생각됩니다. 가끔은 사망 사고도 발생합니다."

당시 말레이시아의 언론은 완벽하게 통제되어 있었기에 보도 내용이 제한적이었다. 누가 광산의 주인인지, 누가 일하는지, 어떤 일이 일어났는지 등 알려진 바도 적었다. 일하다가 죽은 사람 중에는 북한인이 있었다. 왜 북한 노동자들이 사라왁까지 와서 일을 할까?

사라왁 출신 주민인 캄페이나와 이야기를 나눴다. 그녀는 사라왁에서 태어났지만 현재는 사라왁에서 멀리 떨어진 곳에서 살고 있었다. 인터넷 사이트에 정부의 부정부패를 알리는 기사를 올렸다가 추방된 것이다. 그녀가 올린 기사에는 광산 폭발에 대한 글도 있었다.

캄페이나 사라왁 출신 주민

"말레이시아 정부는 사라왁 주민들에게 북한 주민들을 광산에 들여보내도록 특별 통제하겠다고 했어요. 장관의 발언은 매우 충격적이었습니다. 이곳 주민들은 용감하지 않고, 오직 북한 사람들만이 그곳에 들어갈 만큼 용감하고, 기술이 있고, 과감하다고 했어요. 너무 이상하다고 생각했죠."

이렇게 생각한 사람은 캄페이나만이 아니었다. 사라왁의 다른 주민들 또한 의구심을 갖기 시작했다. 세계에서 가장 명망 있는 환경운동가로 손꼽히는 피터도 그중의 한 명이었다.

피터 존 자반 *Peter John Jaban*
환경운동가

"저는 정확히 무슨 일이 일어났는지 찾기 시작했습니다. 이곳 지역 신문에 의하면 몇 명만 죽었다고 했지만 마을 주민들은 더 많은 사람이 죽었다고 했어요. 마을 주민들도 광산에서 일하긴 했지만 대부분은 북한 사람들이었습니다. 그들은 이곳 주민들과 어울려 지내지 않습니다. 지켜야 할 비밀이 있었던 것인지도 모릅니다."

취재팀이 사라왁의 광산 근처 한 휴게소에서 머무르는 동안 큰 밴 하나가 들어왔다. 지역 주민들은 이런 밴이 광산으로 여러 번 왔다 갔다 하는 것을 보았다고 했다. 그러나 그 사람들은 지역 주민들과 말을 하는 법이 없다는 것이다.

그들은 무엇을 감추고 있나

그곳에서 어떤 일이 일어나는지 알 방법은 단 하나였다. 직접 가서 보는 것이다. 취재팀은 유럽의 광산회사에서 온 듯 위조 사업증을 만들고 카메라를 숨겨 들어가 찍기로 했다.

광산 외곽으로 가는 길에 담당자로 보이는 사람을 만났다. 그는 여기에 왜 왔느냐고 물었다. 취재팀은 위조 사업증을 보여주며 누가 일하고 있는지 떠봤지만, 북한 주민들을 고용하고 있는지 어떤지는 확실하지 않았다. 그때 차량 두 대가 다가와 출구를 막으려고 했기에 할 수 없이 그곳에서 철수해야 했다.

나오는 길에 다행히 한 노동자와 이야기를 나눌 수 있었다. 그는 "폭발로 인해 적어도 아홉 명 이상이 죽었어요. 북한 사망자들의 주검은 북한에 있는 가족에게 보내지 않고, 광산에서 불태웠어요"라고 말했다.

잠시 후 한 대의 차량이 광산으로 향하는 것을 보았다. 취재팀은 차를 되돌려 그들을 따라가기로 했다. 탄광에서 일하는 북한인들에 대해 더 알아내려면 내부로 들어가는 수밖에 없었기 때문이다. 말레이시아 사라왁의 정글 안에 있는 이곳 광산에서 일하는 사람들이 정말 북한 노동자일까? 말레이시아 정부는 노동을 허가함으로써 북한과 어떤 관계를 맺고 있는 것일까? 북한 노동자들의 임금은 얼마이며, 그 돈의 진정한 주인은 누구일까?

광산 근처의 숙소에 도달하자 스무 명 남짓한 북한 노동자들이 보였다. 숙소 벽 한쪽에는 '지도자를 따라 뭉치고! 또 뭉치자!'라는 선전 문구가 붙어 있었고, 반대편 벽면에는 김정은 일가의 사진이 붙어 있었다. 그들은 몸싸움을 방불할 만큼 격렬하게 항의했다. 나중에서야 취재팀은 북한 노동자들이 TV 등 언론인들을 만났을 때 어떻게 행동해야 하는지 공식적인 교육을 받는다는 것을 알았다. 카메라를 빼앗아 부숴버리고, 죽이지는 말되 신체적 상해를 입히라는 것이었다. 실제 북한 노동자들은 카메라를 빼앗으려 들었다.

광산에서 돌아온 후 콜드 쉐리라는 광산 매니저에게 전화해 북한 노동자들에 대해 물어보았다. 쉐리는 이미 한바탕 소동이 있었다는 사실을 알고 있었다. 사진을 찍으려고 하자 그들이 거친 반응을 보였다고 말하고, 왜 그러는지를 물었더니 그가 이렇게 대답했다.

콜드 쉐리 광산 매니저

"그들은 당신들을 공격한 게 아닙니다. 당신들은 광산에 들어
올 수 있는 허가를 받지 않았습니다. 우리는 우리나라 주민과
북한 주민들을 고용해도 좋다는 허가를 받았습니다."

북한 노동자들에게 지불한 임금이 북한으로 송금되어 정권
유지를 돕고 사람들을 계속 억압하는 데 쓰일지도 모른다고
하자 쉐리는 강하게 부정했다. 광산 폭발 때 죽은 북한 광부
들의 주검을 고향으로 보내지 않고 광산에서 불태운 게 사실
이냐는 질문에는 "당신은 거짓말을 하고 있습니다. 나는 거짓
말쟁이들과 이야기하고 싶지 않아요. 이만하면 충분히 길게
통화한 것 같군요"라며 서둘러 전화를 끊었다.

김정남 피살 사건 이후
달라진 두 나라 관계

이후 취재팀은 유엔 북한 모니터링 담당자인 인도네시아 출신 마주키 다루스만에게 인권 실태가 담긴 영상을 보여주었다.

마주키 다루스만 *Marzuki Darusman*
유엔 북한 모니터링 담당자

"놀랍군요. 어떻게 이런 일이 일어날 수 있습니까? 조치가 필요한 때인 것 같습니다. 이것은 국제사회와 유엔이 관심을 가져야 할 문제입니다. 우리는 북한이 노동자들을 강제로 해외로 내보낸다는 사실을 알고 있습니다. 해당 국가들 또한 북한 노동자 송출에 책임이 있습니다."

국내 경제가 붕괴됐음에도 북한은 계속 핵무기를 만들어왔다. 2016년 1월 첫 번째 수소폭탄을 만들었다고도 주장했다. 이 돈은 어디에서 온 것일까?

해외 노동자들은 북한 정권의 유지에 도움을 주며 대량살상무기를 제작하는 데에도 기여하고 있다. 북한이 행하는 해외 노동자 프로그램은 꽤 독특하다. 북한 정권이 다른 국가와 모든 계약을 직접 맡는다. 45개국이 북한 노동자들을 고용했다. 북한 노동자들은 충분한 장비도 없는 곳에서 일한다. 그들이 일하는 현장을 본다면 누구라도 노역이라고 말할 정도다.

말레이시아는 북한과 수교를 맺은 이래 40년 이상 우호적인 관계를 맺어왔지만, 2017년 2월 말레이시아에서 김정남 피살 사건이 발생하면서 양국 관계에 긴장감이 돌았다. 김정남은 김정일의 맏아들로 김정은의 이복형이다. 2017년 2월 6일 말레이시아에 입국한 김정남은 일정을 마치고 2월 13일 9시경 예정대로 마카오로 떠나기 위해 쿠알라룸푸르 국제공항으로 갔다. 공항의 자동 발권기 앞에서 비행기 표를 사던 중 화학무기로 추정되는 물질로 피살당했다.

북한이 거부하는데도 말레이시아가 김정남의 시신을 부검해 사망 원인을 밝히려고 하자, 강철 주말레이시아 북한 대사가 기자회견을 통해 강력히 비난했다. 그 일로 2017년 3월 강철 대사가 추방되고 무비자협정이 전면 파기됐다. 10월에는

▮ 김정남 피살 사건 발생 이후, 북한과 말레이시아 양국 관계에 긴장감이 돌았다.

말레이시아 측에서 북한 주재 공관을 철수시켰다. 이후 말레이시아도 대북 제재에 동참하면서 북한과의 관계를 재검토하고 있다.

2017년 10월 13일 자 호주 ABC뉴스에서는 "말레이시아는 2017년 1월부터 5월까지는 642만 달러(한화 약 72억 5,000만 원) 상당의 제품을 북한으로부터 수입했지만, 지난 6월과 7월에는 수입한 물품이 전혀 없었다"라고 보도했다. 그러면서 말레이시아 정부가 북한으로부터의 수입을 금지한 것이 김정남 암살과 관련이 깊은 것으로 풀이했다.

말레이시아는 석탄, 의료기기, 조명제품, 수산물, 소화기 등을 북한으로부터 수입하는 등 북한 정권의 외화벌이 사업에서 매우 중요한 상대였다. 하지만 이제는 사라왁에 체류하고 있던 북한 근로자 전원이 취업허가 연장을 받지 못하는 일까지 벌어졌다. 앞으로 사라왁에서 북한 노동자들이 일을 할 수 있을지 어떨지는 현재까지 미지수로 남아 있다.

폴란드의 레드쉴드

북한 사람이
폴란드에 설립한 회사

　　　　　　　　북한의 노동자들은 러시아
와 아시아에 이어 동유럽에도 송출됐다. 북한은 김정일 때부
터 체코, 루마니아, 불가리아, 폴란드 등 동유럽 국가들에도
노동자들을 파견했다. 그중 체코는 2000년대 초반까지도 북
한 노동자들을 받아들였으나, 북한에서 파견된 보위부원들
이 노동자들의 임금을 착취하고 생활을 심각하게 통제한다

는 사실이 드러나면서 2007년부터 비자 발급을 허가하지 않았다. 체코 정부는 북한 노동자의 고용을 사실상 전면 금지했다. 이후 루마니아와 불가리아에서도 비슷한 이유로 북한 노동자들의 고용이 금지됐다.

동유럽 국가 중 현재도 북한 노동자들이 일하고 있는 나라는 폴란드가 거의 유일하다. 폴란드는 유럽연합 국가 가운데 가장 많은 북한 노동자를 받아들이고 있다. 폴란드 정부는 자국 내 19개 이상의 기업이 460여 명의 북한 노동자를 고용하고 있다고 밝혔다.

2017년 7월, 폴란드 발트해 연안 그단스크의 한 조선소에서 북한인 용접공이 사망하는 사고가 있었다. 방화복도 제대로 갖춰 입지 않고 작업하다가 옷에 불이 붙은 것이다. 불길은 순식간에 타올랐고 그는 몸의 95퍼센트에 화상을 입었다. 즉시 병원으로 이송됐으나 끝내 숨지고 말았다.

수개월의 수소문 끝에 그 사건이 일어난 조선소에서 일했던 북한 노동자와 접촉할 수 있었다. 전화 통화를 통해 그가 그동안의 이야기를 들려주었다. 그는 그단스크를 떠나 다른 곳에서 일하고 있었다.

박정철(가명) 폴란드에서 일하는 북한 노동자

"그단스크를 떠난 이유는 사람들이 우리에 대해 안 좋은 말을 많이 해서였어요. 주로 북한의 인권에 대한 문제였죠. 그들은 우리가 자기네 배에서 일하는 걸 좋아하지 않았어요. 그들은 작업을 멈추게 했고 결국 계약을 취소했어요. 하지만 우리는 돈을 벌러 왔기 때문에 일을 해야만 하는 상황이었어요. 두 달 동안 월급을 못 받았어요. 우리가 받는 월급은 어딘가로 새나갔어요. 아주 적은 금액만 손에 쥘 수 있었죠. 그 돈으로 당비를 지불하고 음식도 사 먹어야 했어요. 수지가 전혀 안 맞았죠. 이제 전화를 끊어야겠어요. 당신에게 이야기하다가 걸리면 문제가 될 거예요. 현재는 생각이 너무 많고 질문도 너무 많은 상태입니다. 이젠 정말 끊어야 해요. 다시 전화할게요."

그단스크 사건 이후 노동자들은 다른 곳으로 이동했지만, 여전히 이 나라에서 북한 노동자들이 일하고 있다는 것을 확인할 수 있었다. 우리는 폴란드 우츠키에주 우치의 건설 현장에서 북한 노동자들이 일하고 있다는 정보를 입수하고 그곳으로 향했다.

가서 보니 아시아 노동자들이 일하고 있는 게 보였다. 이들이 북한 사람들이 맞는지 확인하기 위해 관리인에게 물었더니 그렇다고 했다. 그가 덧붙이기를 "주변에 있는 숙소에 모여 살며 이른 아침부터 일을 하는데 훈련을 잘 받았는지 일을 아주 잘한다"라고 했다. 작업이 끝나자 북한 노동자들이 흰색 버스를 타고 이동했다. 근처에 있다는 숙소로 가는 듯했다. 제작팀도 그들의 뒤를 따랐다. 잠시 후 버스가 멈추고 노동자들이 차에서 내렸다. 주변을 살피는 얼굴에는 경계의 빛이 역력했다. 안전하게 대화를 나눌 방법을 찾기는 어려워 보였다.

우리는 발트해 연안에 있는 또 다른 조선 사업 현장 슈체친으로 이동했다. 조선소들 중 한 곳의 입구에서 사람들에게 이곳에서 북한 노동자들이 일하고 있느냐고 물었다. 작년엔 일했지만 지금은 다른 곳으로 갔다고 했다. 실망스러운 마음이 들었지만 포기하기는 일렀다. 거리로 나와 또다시 사람들에게 물어보았다. 행운에 기댄 질문이었지만 뜻밖에 반가운 소리를 들었다. 북한 노동자들을 본 사람들이 있었던 것이다.

그들은 항상 명령하는 담당자와 함께 있었고, 오후 작업 때 창문을 검게 칠한 자동차로 이동하기도 했다고 한다.

과연 누가 북한 노동자들을 고용하고 관리하는 것일까? 슈체친의 상호 등기를 살펴보자 눈에 띄는 회사가 하나 있었다. 레드쉴드(Red Shield, 붉은 방패)였다. 운영자는 북한 사람인 박명호였고, 문서에 따르면 레드쉴드의 주요 업무는 조선소에 용접공들을 소개하고 계약하는 것이었다. 용접공들의 월급은 470유로(60만 원) 정도였다. 레드쉴드의 본부로 알려진 주소로 찾아가 보았지만 예전에 학교였던 낡은 건물만 있을 뿐이었다. 하지만 학교 바로 뒤에 '파트너조선소'라는 건물이 있었다. 입구에서 관리인에게 북한 노동자들에 대해 아는지 물어보았다. 근처에 숙소가 있는데 일을 망치는 일 없이 아주 잘한다고 했다.

제작팀은 보수 작업을 위탁하기 위해 인재를 모집하러 다니는 파견근로회사 직원으로 위장하고 파트너조선소를 다시 한번 방문했다. 현지인으로부터 북한 노동자들에 대한 이야기를 들었다. 북한 노동자들은 슈체친 전역에서 일하고 있으며 파트너조선소뿐만 아니라 다른 회사에서도 일한다고 했다. 북한 노동자들이 하는 폴란드 말은 "안녕하세요", "열쇠 주세요" 딱 두 마디밖에 없다고 했다. 모르는 사람들과는 이 야기하지 않으며 자신들을 고발할까 봐 두려워하는 것 같다 고도 했다.

잠시 후 만난 레드쉴드의 북한 당원은 이렇게 말했다.

리철(가명) 레드쉴드 북한 당원

"이곳은 파견근무회사입니다. 고용과 관련해서는 파트너조 선소 보스와 이야기를 해야 해요. 정확하게 얼마나 수익을 내 주는지를 그들이 알고 있어요. 우리 노동자들은 폴란드에 일만 하러 온 거거든요. 그래서 휴가도 무급휴가만 받아요. 마감일 이 급박하면 휴식도 없이 일해요. 폴란드 사람들이 일하는 것 과는 달라요. 하루 여덟 시간 이상, 필요하면 열 시간이나 열한 시간도 일해요. 휴식도 없어요. 휴일은 한 달에 한 번 있어요."

폴란드 외무성은 폴란드 정부가 발급한 비자를 갖고 일하 는 북한 노동자들이 400여 명이라고 발표했다. 이들은 북한 당원들의 지속적이고 철저한 감시하에 조선소, 건설 현장, 농업 분야에서 일하고 있었다.

머나먼 이국땅에서
중노동에 시달리다

폴란드 내 북한 노동자들을 고용한 회사들은 북한의 로동당 소속 회사와 계약을 맺고 있었다. 북한 당국은 인력송출회사인 능라도무역회사를 통해 폴란드 기업과 계약하고, 이 기업들이 중개자 역할을 맡아 또 다른 현지 기업들에 노동자들을 파견하는 복잡한 방식을 택하고 있었다. 심지어 노동자들을 개인 사업자처럼 위조하는 일도 있었다.

제대로 된 장비도 없이 일하는 북한 노동자들이 폴란드에서 벌어들이는 돈은 연간 약 1,500만 유로(195억 원) 정도로 추정된다. 하지만 정작 북한 노동자들이 손에 쥐는 돈은 거의 없다.

제작팀은 그단스크에서 일했던 북한 노동자와 어렵게 다시 한번 통화할 수 있었다. 가족들을 보지 못하는 것은 물론 통화도 할 수 없는 그가 겪는 어려움은 힘든 노동과 착취, 그로 인한 경제적 빈곤만이 아니었다. 심리적 우울감과 좌절감도 깊이 배어 있었다.

박정철(가명) 폴란드에서 일하는 북한 노동자

"힘들죠. 그러다 보니 일요일에는 술을 많이 마셔요. 그러지 않으면 너무 우울해서요. 가족이 너무나 그립습니다. 하지만 연락할 수가 없어요. 평양의 전화수들은 외국에서 오는 모든 전화를 차단해요. 가족을 부양하기 위해 고생이 되더라도 일을 하려고 먼 이곳까지 왔는데 돈을 너무 조금 받고 있어요. 월급은 보류되고 규칙을 따르지 않으면 엄청난 처벌을 받습니다. 자유롭게 돌아다니면서 사람들을 만나지도 못해요. 속으론 화가 나지만 할 수 있는 일이 없어요. 이 상황을 잊기 위해 술을 마십니다. 그것 말고 제가 뭘 할 수 있겠어요."

폴란드는 앞으로 2년 안에 모든 북한 노동자를 돌려보내기로 했다. 2019년 말까지 현 수준의 60퍼센트를 감축할 예정이었지만, 2017년 12월 채택된 유엔 안전보장이사회 대북 결의 2397호에 명시된 북한 노동자 관련 조항에 따라 송환 시점을 앞당기기로 지침을 변경한 것이다. 신규 노동허가증 발급이 중단됨에 따라 현재 노동허가를 받은 북한인 근로자들도 체류 가능 기간이 만료될 예정이다.

폴란드에서 일하는 북한 노동자들의 송환이 북한 경제에 얼마만큼 영향을 미칠지는 정확히 알 수 없다. 그렇지만 북한 노동자들의 북송은 전 세계적으로 일어나고 있는 현상인 만큼 김정은이 '정상회담'이라는 협상의 무대로 나오는 데 강력한 역할을 한 것만은 사실일 터였다.

대북 제재 압박을 풀기 위한
김정은의 선택

얼어붙은 남북관계가 거짓말이었다는 듯 김정은의 신년사를 필두로, 2월 10일 김여정 제1부부장과 문재인 대통령의 면담, 2월 25일 김영철 통일전선부장과 문재인 대통령의 면담, 3월 5일 대북특사단과 김정은 위원장의 면담, 3월 6일 남북정상회담 개최 발표, 3월 9일

트럼프 미 대통령 북미정상회담 수락, 4월 1일 김정은 부부 남측 예술단 공연 관람, 그리고 4월 27일 남북정상회담에 이르기까지 하루하루 숨 가쁜 여정을 달려왔다. 김정은이 기존의 핵과 경제 병진 노선을 파기하고 국제무대로 나온 이유는 무엇일까?

김정은은 집권 후 체제를 안정적으로 정착시키고 권력을 강화하며 정권에 대한 주민들의 지지 기반을 확대하기 위해 민생과 애민, 경제 발전을 내세웠다. 더는 배고프지 않은 나라로 만들겠다는 그의 선언은 결국 어떻게 돈을 벌 것인가로 요약되는 문제인지도 모른다. 이런 상황에서 노동자들을 해외에 파견하는 일은 국가적 사업으로 대외 경제 관계를 활발히 하는 한편 외화를 획득하는, 중요하면서도 유일한 수단이었다.

한국은행 통계자료에 따르면 대북 제재 국면이 이어졌음에도 2016년 북한의 실질 국내총생산(GDP)은 이전보다 크게 개선됐다. '2016년 북한 경제 성장률 추정 결과'를 보면 북한 실질 GDP가 1년 전인 2015년보다 3.9퍼센트 증가한 것으로 나타났다. 1999년 6.1퍼센트 이후 17년 만에 기록한 최고치다.

그러나 북한의 무역수지는 밝지 않았다. 2017년 영국 〈파이낸셜 타임즈〉는 북한이 미국 주도의 국제적인 대북 제재와 무역적자로 이르면 2018년에 외환위기에 직면할 가능성이 있다고 보도했다. 대북 제재가 계속 유지된다면 북한의 외화 보유액이 중국과의 무역적자를 메우는 데 충당되면서 빠른 속도로 고갈될 수 있다는 것이다. 2017년 북한의 대중 무역수지 적자는 17억 달러에 달할 정도였다. 중국은 북한 무역의 90퍼센트를 차지하고 있다. 2017년 유엔 안전보장이사회가 북한의 해외 노동자들을 2019년 말까지 귀국하도록 하는 결의안을 채택한 것도 북한의 중요한 돈줄을 틀어막으려는 조치였을 터이다.

점점 숨통을 죄어오는 대북 제재 속에서 김정은은 결단을 내려야만 했다. 이대로 숨죽이며 세계의 천덕꾸러기로 전락해 고립될 것인가, 아니면 새로운 선택으로 길을 뚫고 나갈 것인가.

그에게 다른 선택지는 없었다. 북한이 정상 국가라는 것을 보여주고, 자신 또한 내치와 외교를 능숙하게 해내는 정상적인 정치 지도자라는 점을 남한은 물론 온 세계에 분명하게 각인시킬 필요가 있었다. 그동안 북한 경제를 지탱해온 달러 히어로즈가 계속해서 일할 수 있도록, 북한이 정상 국가라는 것을 보여주어야 했다.

김정은이 꿈꾸는 나라는 단지 끼니를 해결하는 정도가 아니라 중국 이상으로 고도성장을 이루는 나라, 강성대국이다. 북한은 이미 경제 개방과 시장화가 일정 정도 이뤄진 상태다. 외국자본 유치를 위해 경제개발구도 만들었다. 대북 제재 압박만 풀리면 고도의 경제 성장도 가능해질 것이다. 우수한 인력, 뛰어난 IT 기술력, 경공업 경쟁력, 풍부한 지하자원, 중국과 유라시아를 잇는 물류 허브가 가능한 지정학적 위치 등 잠재적인 발전 요소도 풍부하다.

물론 개방을 통해 서구 사회에 점진적으로 노출됨으로써 민주사회에 대한 인민의 의식 변화 등 정치적 · 사회적 딜레마도 안게 될 것이다. 즉, 개방과 개혁을 통해 경제 성장을 이루면 체제가 위협받게 되리라고 볼 수도 있다. 그러나 중국은 고속 성장을 하면서도 체제 유지에 성공했다. 김정은도 중국식 개혁과 발전 모델이 가능하다고 봤을 것이다.

전 세계의 주목을 받으며 국제무대에 화려하게 올라선 김정은. 판문점 선언을 끌어낸 성공적인 남북정상회담은 북미 정상회담에도 영향을 미칠 것이다. 김정은의 선택은 북한 경제를 재건하는 데 튼튼한 디딤돌이 될 정도로 실질적인 효과를 가져올 수 있을까? 현재까지는 그의 선택이 옳은 것으로 보인다.

04부

한반도,

새로운
시대를 열다

북한에서 남한까지,
단 한 걸음

작은 한 걸음, 위대한 발자취

누가 상상이나 했을까. 남과 북의 최고지도자가 판문점 군사분계선을 사이에 놓고 손을 맞잡는 기적 같은 일을. "마음의 설렘이 그치지 않고 문재인 대통령이 분리선까지 나와서 맞아준 데 대해서 감동적이다"라는 김정은 위원장의 말에 문재인 대통령 또한 "여기까지 온 것은 위원장의 말대로 용단이었다"라고 화답했다.

그저 한 걸음이면 충분했다. 한반도를 반으로 가른 것은

2018년 4월 27일. 남과 북의 최고지도자가 판문점 군사분계선을 사이에 놓고 손을 맞잡았다.

5센티미터짜리 콘크리트 턱에 불과했다. 분단의 아픔을 간직한 역사의 현장에서 만난 두 정상은 분계선의 남쪽에서 북쪽으로, 북쪽에서 남쪽으로 건너며 웃음을 멈추지 않았다. 마치 아이처럼 환한 표정으로 한 걸음 또 한 걸음 넘어설 때마다 마주 잡은 두 손엔 더욱 힘이 들어갔다. 작은 한 걸음이었지만 위대한 발자취로 남을 한 걸음이었다. 한반도에 새로운 역사가 시작되는 순간이었다.

남북한 정상이 판문점의 분계선을 넘어서는 순간, 킨텍스 프레스센터에 모여 있던 전 세계 기자들 사이에서 끝없는 박수와 환호가 터져 나왔다. 눈물을 글썽이는 이들도 있었고,

상기된 표정을 감추지 못한 채 가슴이 벅차오르는 감동을 느꼈다는 기자도 있었다. 모두 역사적인 순간에 동참한 감격을 만끽하는 듯했다.

분단 이후 북한인으로서는 처음으로 군사분계선을 넘어 남한 땅을 밟은 김정은. 11년 만에 이뤄진 남북정상회담에서는 북측의 수행원들도 눈길을 끌었다. 이전에는 모습을 보기 힘들었던 군과 당 수뇌부가 한자리에 모인 것이다. 이런 이례적인 모습을 어떻게 봐야 할까? 이종석 전 통일부 장관의 이야기를 들어보았다.

이종석
전 통일부 장관

"현안이 되고 있는 비핵화 문제와 남북한 군사적 긴장 완화 문제를 해소하지 않고는 자신이 원하는 경제협력 문제로 갈수 없다는 것을 아마 정확하게 알고 있는 것 같습니다. 그렇기 때문에 군 수뇌부와 외교 고위 수뇌부를 대동하고 온 것이아닌가 싶습니다."

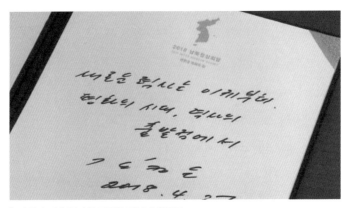

▮ 평화의 집에 들어선 김정은이 남긴 방명록

　정상회담을 위해 평화의 집에 들어선 김정은이 방명록에 남긴 글은 짧았지만 그의 심정을 드러내는 데는 충분했다.

　"새로운 역사는 이제부터. 평화의 시대, 역사의 출발점에서"

WAR IS OVER

　　　　　　　　　　　　　　1950년 발발한 한국전쟁에는 남과 북만이 아니라 유엔군과 중공군까지 가세했다. 정전회담은 1951년 7월 판문점에서 시작됐으나 우여곡절 끝에 1953년 7월 27일 정전협정이 체결됐다. 그러나 한국의 정전에 대한 협정을 하는 자리에 정작 한국은 없었다. 정전협정은 유엔과 북한, 그리고 중국 3자의 손으로 이뤄졌다. 정전협정은 전쟁의 완전한 종식이 아니라 중단에 불과했다. 그리고 65년의 세월이 흘렀다. 그동안 남과 북 양측은 한반도의 남북을 가르는 비무장지대를 사이에 두고 온전한 평화가 아닌 반쪽의 평화를 이어왔다.

판문점엔 늘 긴장감이 감돌았다. 1976년 8월에 북한군이 미군을 살해한 판문점 도끼 살인사건은 한반도를 다시 전운이 감도는 위험한 국면으로 몰아넣었다. 이후로도 비극은 이어졌다. 2015년 8월 DMZ 목함지뢰 매설 사건으로 많은 젊

점 도끼 살인사건
8월 18일

DMZ 목함지뢰 매설 사건
2015년 8월 4일

▌1953년 정전협정 이후, 판문점엔 늘 긴장감이 감돌았다.

은이가 아까운 피를 흘렸다. 정전이 아닌 확실한 종전을 절실하게 바라는 이유도 더는 희생이 없어야 하기 때문이다.

아픈 기억의 장소였던 판문점은 남북 정상의 만남으로 새로운 상징의 공간이 됐다.

김정은
조선민주주의인민공화국 국무위원장

"수시로 만나서 걸린 문제를 풀어나가고 마음을 합치고 의지를 모은다면 잃어버린 11년이 아깝지 않게 할 수 있지 않겠나 이런 생각도 하면서, 정말 만감이 교차하는 속에서 한 200미터를 걸어왔습니다. 오늘 정말 허심탄회하게, 진지하게, 솔직하게 이런 마음가짐으로 문재인 대통령님과 좋은 이야기를 하고 싶습니다. 또 반드시 필요한 이야기를 나눠서 좋은 결과를 만들어내겠습니다."

문재인
대한민국 대통령

"김정은 위원장이 사상 최초로 군사분계선을 넘어오는 순간
이 판문점은 분단의 상징이 아니라 평화의 상징이 됐습니다.
오늘 우리도 그렇게 통 크게 대화를 나누고 합의에 이르러서
우리 온 민족과 평화를 바라는 이 세계 모든 사람에게 큰 선
물을 만들어주었으면 좋겠습니다."

대화를 나누던 두 정상은 판문점 도보다리 끝 벤치에서 수
행원조차 물린 채 허심탄회한 대화를 이어갔다. 이른바 '벤치

▌전 세계적으로 화제가 됐던 판문점 도보다리 회담

회담'은 30분 이상이나 계속됐다. 오후 5시경 두 정상은 공동 합의문을 발표했다.

문재인
대한민국 대통령

"오늘 김정은 위원장과 나는 완전한 비핵화를 통해 핵 없는 한반도를 실현하는 것이 우리의 공동 목표라는 것을 확인했습니다. 우리는 또한 종전 선언과 평화협정을 통해 한반도의 불안정한 정전체제를 종식하고 항구적이고 공고한 평화체제를 구축해나가기로 합의했습니다."

김정은
조선민주주의인민공화국 국무위원장

"무엇보다도 온 겨레가 전쟁 없는 평화로운 땅에서 번영과 행복을 누리는 새 시대를 열어나갈 확고한 의지를 같이하고 이를 위한 실천적 대책들을 합의했습니다. 그리고 이미 채택된

북남 선언들과 모든 합의를 철저히 이행함으로써 관계 개선

과 발전에 전환적 국면을 열어나가기로 했습니다."

판문점 선언은 새로운 역사를 여는 선언이었다. 이후 남북

한의 관계는 커다란 변화의 물살을 탈 것이 틀림없다. 그렇다

면 구체적으로 어떤 변화를 겪게 될까? 이에 대해 그동안 직

간접적으로 남북의 대화에 관여해온 김준형 한동대 국제지

역학 교수는 이렇게 말했다.

김준형
한동대 국제지역학 교수

"아마도 종전 선언을 연내에 하고, 비핵화를 포함해서 여러

가지 평화체제에 대한 조치를 한 다음, 평화협정으로 가게 될

일종의 로드맵이 나왔다고 보입니다. 이것은 그야말로 냉전

이 마지막 보루라고 할 수 있고, 냉전의 마지막 잔재라고 할

수 있는 한반도에서 냉전체제가 무너지는 역사적 계기가 될

수 있다고 저는 생각합니다."

2018년 판문점 선언은 종전 선언과 더불어 완전한 비핵화에 합의했다는 점에서 의미가 크다. 두 정상의 뜨거운 포옹에서도 감격이 묻어났다. 프레스센터의 반응도 뜨거웠다. 각국의 기자들은 벅찬 분위기 속에서 현장의 소식을 전달했다.

김정은과 북미정상회담을 앞두고 있는 미국의 트럼프 대통령도 즉각 반응을 보였다. 트위터에 대문자로 '한국전쟁이 끝난다(KOREAN WAR TO END!)'라는 글과 함께 미국은 지금 한국에서 벌어지고 있는 일들을 자랑스러워하고 있다는 메시지를 남겼다.

한국 근현대 역사의 세계적 권위자이자《한국전쟁의 기원》으로 잘 알려진 브루스 커밍스 교수는 이번 남북정상회담에서 선언된 종전에 대해 이렇게 말했다.

브루스 커밍스*Bruce Cummings*
시카고대학교 석좌교수

"앞으로 일어날 일은 아마 DMZ 양측의 군대를 철수하는 것, DMZ에 있는 수천 개의 지뢰를 제거하는 것이겠죠. 그건 아

주 중요한 문제입니다. 저는 정전체제를 끝내고 평화조약을
이뤄내는 데 기술적인 문제가 있을 거라고 보지 않습니다. 관
건은 미국이 북한과의 관계를 정상화할 수 있느냐이고, 만약
그렇게 된다면 우리는 평화조약을 체결할 수 있을 것입니다."

그동안 사실상 한반도에서 전쟁은 없다고 선언하면서도 실
제 군사적으로 적대행위를 종식하고 그에 따른 구체적 조치
를 하는 부분에선 늘 아쉬움이 남곤 했다. 그렇기에 군사적
긴장을 완화하기 위한 실질적인 의지 표현, 비핵화, 한반도
평화체제 구축을 위한 종전 선언은 2018년 남북정상회담이
끌어낸 눈부신 성과라고 볼 수 있다.

북한의 변화,
경제에서 시작되다

북한의 밑바닥을 바꾼 장마당

2018년의 평양 거리엔 밝은 색채의 옷을 입고 휴대전화를 들고 다니는 사람들이 많이 보인다. 시멘트에 붉은 글씨로 김일성을 찬양하는 선전 문구가 쓰여 있던 예전의 평양 모습을 생각하면 놀라운 변화다. 그동안 북한에는 무슨 일이 있었던 것일까?

┃ 2018년 평양 거리엔 밝은 색채의 옷을 입고 휴대전화를 들고 다니는 사람들이 많아졌다.

임을출
경남대 극동문제연구소 교수

"2013년 후반기를 보면 아주 놀랄 만한 변화가 일어납니다. 각종 위락시설, 주민들이 쉽게 활용할 수 있는 편의시설, 먹는 문제가 굉장히 중요한 만큼 마트 같은 것들을 종합적으로 새로 건설합니다."

집권 이후 김정은은 인민 생활 향상을 목표로 내걸고 시장 경제 요소를 일부 받아들였다. 현재 북한 전역에서 공인받은 장마당(종합시장)만 480여 개다. 북한의 장마당은 어떤 의미가

┃ 장마당은 북한 경제와 사회 변화의 도화선 역할을 하고 있다.

있을까? 탈북자 박한숙 씨의 말을 들어보았다.

박한숙 2015년 탈북자

"북한 장마당엔 고양이 뿔 빼고 다 있어요. 그런데 고양이 뿔
도 사람들이 원한다면 만들어서 팔 정도예요. 남한의 순창고
추장도 팔고 있고 남한의 옷도 너무나 대중화되어 있고요. 내
가 원하는 모든 것의 수요를 충족시키는 곳이 바로 장마당 시
장입니다."

김정은은 그동안 다양한 경제계획 조치를 통해 내부 경
제 활성화에 주력하는 한편, 인민대중 제일주의를 내세웠

다. 2017년 신년사에서는 이렇게 말했다. "또 한 해를 시작하는 이 자리에 서고 보니 나를 굳게 믿어주고 한마음 한뜻으로 열렬히 지지해주는 세상에서 제일 좋은 우리 인민을 어떻게 하면 신성히 더 높이 떠받들 수 있겠는가 하는 근심으로 마음이 무거워집니다. 언제나 마음뿐이었고 능력이 따라주지 못하는 안타까움과 자책 속에 지난 한 해를 보냈는데 올해는 더욱 분발하고 전심전력하여 인민을 위해 더 많은 일을 찾아할 결심을 가다듬게 됩니다."

엄격한 후계자 수업을 거치며 은둔의 지도자로 불렸던 아버지 김정일과 달리 유럽 유학을 다녀온 김정은은 훨씬 더 개방적이고 실용적이라는 평가를 받았다. 일각에서 김정일과 김정은을 비교할 때 김정일은 선전선동부에서 후계자 수업을 받았기 때문에 문화 예술적 접근을 많이 한 반면, 김정은은 포병학교에서 교육을 받아서 비행기도 조종하고 IT에 밝다고 한다. 서구 문명 생활에 대한 경험이 많기 때문에 북한 체제의 생존을 위해, 또 자기 개인의 생존을 위해 어떤 선택이 올바른지 잘 알고 있을 터이다. 비록 지금은 고립되고 제재받는 국가의 지도자이지만 국제사회에서 남부럽지 않고

남에게 뒤지지 않는 지도자가 되겠다는 열망을 품어왔을지
도 모른다.

집권 2년 차이던 2013년 3월 김정은은 조선로동당중앙위
원회에서 "현 정세와 혁명 발전의 요구로부터 당중앙은 경제
건설과 핵무력 건설을 병진시키는 데 대한 새로운 전략적 노
선을 제시하게 됩니다"라는 말을 했다. 경제와 핵을 함께 발
전시킨다는 병진 노선에 따라 집권 6년 차 때까지 네 번의 핵
실험과 수십 차례의 미사일 시험 발사를 통해 핵기술을 발전
시켰고, 드디어 2017년 11월엔 핵무력 완성을 선언했다.

그러나 이런 행보는 미국으로부터 유례를 찾아보기 힘들

❙ 북한의 지속적인 핵실험으로 강력한 대북 제재가 실행됐다.

만큼 강력한 경제적·군사적 압박을 받게 했다. 2013년 병진 노선 선택 이후 국제사회는 북한에 대해 지속적인 압박을 가해왔다. 전통적인 우방국이었던 중국도 예외는 아니었다. 중국 정부가 포괄적인 해상무역까지 차단하자 북한은 점점 벼랑 끝으로 몰리게 됐다. 김정은이 협상 테이블에 나오게 된 가장 큰 이유도 더는 물러설 곳이 없어서일 터이다.

문정인
연세대학교 명예 특임교수, 대통령 통일외교안보특보

"미국이 대화의 통로를 차단하고 제재와 압박을 가하기 시작했고 국제적 고립을 계속 모색해나갔거든요. 과거엔 북한이 중국에 의존했는데 중국도 유엔 안전보장이사회 제재 결의안에 적극적으로 동참하면서 북한에 압박을 가했죠. 트럼프 대통령이 최대한 압박했다고 한 말이 어느 정도 먹혔다고 볼 수 있죠. 핵무기 완성은 국정 목표 중에서 하나만 달성하는 것이 잖아요. 경제 발전이 더 시급한 문제인 거죠. 인민의 마음을 얻지 못하면 김정은이 어떻게 통치하겠습니까. 인민의 마음을 얻기 위해선 경제가 활성화되어야 합니다."

병진 노선을 기반으로 한 핵무기 개발로 남북관계는 한 치 앞을 볼 수 없을 만큼 무겁고 어두웠다. 그러나 곧 놀라운 반전이 벌어졌다. 2018년 평창동계올림픽을 기점으로 북한이 대화의 장으로 나오기 시작했다. 이후 남북정상회담까지 행보를 되짚어보면 모든 걸음이 비현실적으로 여겨질 정도다.

북한이 꿈꾸는 중국식 모델과
베트남식 모델

심각한 대북 제재에서 벗어나 조금씩 숨통을 트고 있는 북한은 앞으로 경제 발전에 더욱 박차를 가할 터이다. 북한은 이미 장마당 등 시장을 허용하고 기업의 자율성을 확대하는 등 시장경제의 토대를 마련했다. 그렇다면 북한은 어느 나라를 성공 모델로 삼고 있을까? 사회주의 체제이면서도 경제 성장을 이룬 나라를 꼽자면 중국과 베트남을 들 수 있다. 특히 김정은이 북한을 경제 강

| 2018년 3월. 김정은은 비공식적으로 중국을 방문해 시진핑 주석을 만났다.

국으로 만들겠다는 큰 그림을 그리고 있다면 사회주의를 표
방하면서도 개방과 개혁을 성공적으로 실행해온 중국을 모
델로 삼고 있을 확률이 높다. 중국은 전통적으로 북한의 대외
무역에서 의존도가 가장 높은 국가이기도 하다.

　김정은은 남북정상회담이 있기 한 달 전, 비공식적으로 중
국을 방문해 시진핑 주석을 만났다. 집권 이후 해외 정상을
만난 것은 중국의 시진핑 주석이 처음이었다. 방중 때 중국판
실리콘밸리인 중관춘 내 중국과학원을 꼼꼼하게 둘러본 것
으로 알려졌다.

　3월 시진핑 주석과의 만남을 시작으로 4월 남북정상회담,

6월 북미정상회담까지 동등한 위치에서 회담을 이끌어가는 역량을 차례로 검증하고 있는 듯하다. 국제사회에 강렬한 인상을 남긴 것 또한 성공적이다. 자칭궈 베이징대학교 국제관계학원 교수이자 중국인민정치협상회의 상무위원은 이런 해석을 내놓았다.

자칭궈 賈慶國
베이징대학교 국제관계학원 교수, 중국인민정치협상회의 상무위원

"이성적으로 생각했을 때 핵무기를 포기하는 것이 맞고 중국과 다른 국가들의 지지를 얻어야 합니다. 그리고 개혁개방을 통해 국가를 발전시켜야 하죠. 경제 번영을 이루고 강대해져야 해요. 이게 중국이 걸어온 길입니다. 베트남과 그 밖의 국가들이 걸어온 길이기도 하고요. 성공이 증명된 일입니다."

베트남은 중국처럼 사회주의 체제이지만, 베트남전쟁에서 승리하며 통일을 이룩한 호찌민이라는 걸출한 지도자 덕에 일찍부터 실리주의 노선을 걸었다. 오바마 정부 때 미국과 수

교를 회복한 후 개방과 개혁의 급물살을 타고 있다. 개방 이후 베트남은 아시아 국가 중 인도네시아, 말레이시아와 경쟁하며 '제조업 빅 3'로 부상했다. 값싸고 질 좋은 노동력이 풍부한 북한으로서는 세계 제조업의 신흥 강자로 떠오른 베트남의 성공 사례도 눈여겨볼 것이다.

북한은 베트남 개혁개방 모델을 많이 연구해왔다고 알려져 있다. 김일성종합대학과 사회과학원을 통해 경제 분야를 연구하는 엘리트들도 많이 양성했다. 김정은은 2012년부터 사회주의 개혁개방 모델 연구를 지시하기도 했다.

10년 가까이 전쟁을 지속하며 무의미한 희생을 치렀던 미국과 베트남은 1995년 국교를 수립했다. 2016년 베트남을 방문한 오바마 미국 대통령은 50년 동안 유지해온 베트남에 대한 무기수출 금지 조치 해제를 선언했다. 미국과의 관계 정상화 이후 베트남은 본격적인 개혁개방의 길을 걸으며 경제적으로도 빠른 성장을 이뤘다. 한때 적국이었던 미국의 지도자를 베트남 시민들은 반갑게 맞았다. 오랫동안 쌓여온 불신과 오해를 날려버리고 새롭게 신뢰를 형성하기 시작한 것이다.

▌ 미국과의 관계 정상화 이후 베트남은 경제적으로 빠른 성장을 이뤘다.

머리 히버트 *Murray Hiebert*
미국 전략국제문제연구소 CSIS 선임연구원

"1975년 베트남전쟁이 끝났습니다. 그러고도 미국과 베트남
이 관계를 정상화하는 데 20년이나 걸렸습니다. 신뢰를 쌓는
데는 시간이 걸립니다. 하지만 서로 적이었던 국가들이 실용
적인 접근으로 상황을 개선하려는 의지가 있다면 엄청난 변
화를 가져올 수 있음을 보여줍니다."

과연 북한도 미국과 베트남처럼 지금과는 달라진 관계를 맺

을 수 있을까? 관건은 비핵화다. 김정은은 2018년 4월 21일부터 핵실험과 대륙간탄도미사일(ICBM) 시험 발사를 중지한다고 발표했다. 핵실험 중지를 투명성 있게 담보하기 위해 함경북도 길주군 풍계리의 핵실험장도 폐기하기 시작했다. 또한 북한에 대한 핵 위협이나 핵 도발이 없는 한 핵무기를 절대로 사용하지 않을 것이며, 어떤 경우에도 핵무기와 핵기술을 이전하지 않을 것이라고 천명했다. 남북정상회담과 북미정상회담을 갖기 전에 먼저 비핵화 의지를 보여준 것이다. 병진 노선을 끝내고 사회주의 경제 건설에 집중한다는 의미이기도 하다.

트럼프 미국 대통령 또한 김정은의 이런 선언을 대단한 진전으로 평가했다. 북미정상회담에 대한 기대 또한 높아졌다. 심지어 김정은에 대해 "열려 있고 모든 면에서 훌륭했다"라는 칭찬까지 쏟아냈다. '핵 미치광이'라고 부를 때와는 정반대의 상황이 펼쳐진 셈이다.

한반도의 변화,
전 세계가 주목하는 이유

미국 내 대북 강경파의 변화

김정은의 태도 변화는 미국 워싱턴에도 새로운 바람을 불어넣었다. 대표적인 대북 강경파인 제임스 리시 공화당 상원의원은 2018년 2월 뮌헨 안보회의에서 북한과 김정은을 공개적으로 비판한 바 있다.

제임스 리시_James E. Risch_
공화당 상원의원

"북한이 핵무기를 사용한다면 문명사상 가장 비극적인 사건
이 될 겁니다. 하지만 굉장히 짧게 끝날 것입니다. 그리고 그
결과로 대규모 사상자가 발생할 것입니다. 북한이 핵 개발을
계속한다면 순식간에 멸망할 것입니다. 그것은 트럼프 대통령
의 손끝에 달려 있습니다. 저는 이 상황이 어떻게 될지에 대해
여러분의 어떤 의견도 존중합니다. 하지만 제발 현재 직면한
사실들을 무시하지 마세요. 무시무시한 이야기를 해서 대단히
죄송합니다. 그러나 그것이 우리가 보는 사실입니다."

그러나 그도 최근에는 생각이 달라졌다. 최근 워싱턴에서
그는 뮌헨에서와는 다른 이야기를 했다.

제임스 리시 *James E. Risch*
공화당 상원의원

"제가 김정은 위원장의 생각을 알 수는 없지만 분명한 것은
트럼프 대통령의 압박 정책이 확실히 그의 태도에 어떤 변화
를 일으켰고, 그것이 심경의 변화로 이어졌다고 봅니다. 김정
은 위원장이 노선을 변경한 것은 아주 현명한 결정이었습니
다. 그가 기존의 노선을 고수한다면 자신뿐만 아니라 모두에
게 매우 불행한 결과를 가져올 것이기 때문입니다. 그래서 현
명한 결정이라고 봅니다."

그러나 미국 안에 북미정상회담에 대해 긍정적인 시선만
있는 것은 아니다. 여전히 믿을 수 없다는 불신의 시각을 갖
고 있는 사람들도 있다. 남북정상회담을 앞두고 미국의 거물
급 고위 인사들이 서울에 모였다. 토론회에서는 북한에 대한
의구심과 의혹이 잇달아 제기됐다.

빅터 차 *Victor Dong Cha*
미국 전략국제문제연구소(CSIS) 한국 석좌

"위험한 상황에서 상식을 깨는 생각과 행동은 실패할 확률이 높습니다. 저는 지금이 그런 상황이라고 생각합니다. 지금 위험성이 꽤 높지요. 상식을 깨는 생각과 행동이 성과를 낸다면 대단한 것이지만, 성과를 내지 못한다 해도 최소한 해악을 끼쳐선 안 되지요. 지금과 같이 위험성이 높은 상황에선 회담이 실패했을 경우 해악을 끼치지 않을까 걱정됩니다."

에번스 리비어 *Evans Revere*
전 국무부 부차관보, 브루킹스연구소 선임연구원

"김정은 위원장은 핵무기를 나라의 보검이라고 표현했습니다. 이제 나라의 보검이 완벽해졌다고 했죠. 이건 핵을 포기하겠다는 약속이 아니에요. 핵무력을 완성했다는 선언이죠. 핵 개발을 이뤘으니 여기서 중단하고 대화를 하겠다는 거죠. 핵 보유국으로서요."

| 북미정상회담이 성과가 없을 것이라고 전망한 〈시카고 트리뷴〉

미국 내 언론도 조심스러운 시각을 보인다. 〈시카고 트리뷴〉이 2018년 4월 25일 "트럼프와 북한의 정상회담은 성과가 없을 것이다"라는 제목의 기사를 싣는 등 언론 또한 의심을 거두지 않고 있다. 워싱턴 분위기가 많이 변했다고는 해도 여전히 경계를 늦추지 않는 모습도 보인다.

조지프 디트라니 *Joseph R. DeTrani*
전 미국 대북 협상대사

"우린 모두 김정은이 비핵화 준비가 되지 않았다고 말한 과거를 잘 기억하고 있습니다. 다행히 이제 북한에서 비핵화 준비가 됐다고 하니 우리는 수용하는 거죠. 매우 긍정적인 발전이라고 봅니다. 하지만 김정은이 정확히 어떤 의미로 한 말인지 알아야 합니다. 남북정상회담, 그리고 트럼프 대통령과의 회담에서도 그가 말하는 비핵화가 무엇인지 체제 안정 보장에 대한 그의 기대가 무엇인지 파악하는 것이 굉장히 중요합니다."

과연 미국과 북한은 완전한 비핵화를 향한 합의에 도달할 수 있을까? 2018년 4월 12일 마이크 폼페이오 국무장관 내정자 인준 청문회는 그런 점에서 주의 깊게 볼 만한 사건이었다. 청문회에서 비핵화와 관련한 질문이 쏟아졌기 때문이다. "미국의 정권이 바뀌어도 합의한 것을 계속 지킬지에 대해 북한이 걱정하고 있는가?"라는 제프 플레이크 공화당 상원의원의 질문에 폼페이오는 이렇게 대답했다.

마이크 폼페이오*Mike Pompeo*
미국 국무장관

"우리가 그의 핵 프로그램에 대해 완전하고, 검증할 수 있고, 되돌릴 수 없는 해체를 말할 때 그는 정권의 안위에 대해 생각합니다. 절대 되돌릴 수 없는 북한 체제 보장을 말합니다. 그는 단지 종이 한 장의 합의문 이상을 원합니다. 그리고 그에 맞는 조건들을 제시할 겁니다. 비핵화된 자신의 나라를 지켜야 하니까요. 비핵화라는 문제에 대해서는, 수십 년 동안 그런 일이 일어날 거라고 아무도 믿지 못했지요. 정상회담 한 번에 포괄적인 합의에 도달할 거라는 환상은 아무도 갖고 있지 않습니다. 하지만 양측이 받아들일 수 있는 조건들을 제시하고, 두 정상이 제시된 조건을 받아들일지 말지 궁극적인 결정을 하게 됩니다. 저는 미국이 적절한 조건을 제시할 수 있을 거라고 낙관합니다. 두 정상이 대화를 해가다 보면 외교적 성과를 낼 수 있을 겁니다."

252   **KBS 특별기획** 누가 북한을 움직이는가

북한의 경제문제를 풀
황금열쇠

　　　　　　　　2018년 4월 언론사 사장단
모임에서 문재인 대통령은 이렇게 말했다. "북한이 현재 국제
사회에 완전한 비핵화 의지를 표명하고 있습니다. 또한 우리
에게 적극적인 대화 의지를 보여주고 있습니다. 북미 간에도
서로 적극적인 대화 의지 속에서 정상회담을 준비하고 있고,
회담의 성공을 위해 좋은 분위기를 만들려는 성의를 서로에
게 보여주고 있습니다. 지금까지 오는 동안 우리는 미국과 완
벽하게 정보를 공유하고 협의하고 공조해왔습니다."

　비핵화는 남북정상회담은 물론 북미정상회담에서도 가장
중요한 주제다. 이 문제를 북한이 어떻게 풀어나가느냐에 따
라 북한이 현재 맞닥뜨린 경제문제를 풀 열쇠를 손에 쥐게
될 것이기 때문이다.

김준형
한동대 국제지역학 교수

"미국이 과거에 북핵 문제의 원칙으로 CVID＊를 제시하지
않았습니까? 그중에서도 'C', 즉 '완전하고'가 제일 중요합니
다. 왜냐하면 '검증할 수 있고(V)', '돌이킬 수 없는(I)'은 일종
의 방법론이거든요. 이건 뭘 의미하느냐. 지금까지 비핵화에
대해 남한과 미국이 생각하는 것과 북한이 생각하는 것이 다
르다는 의심이 많았는데, 그것이 같다는 것을 이야기하는 겁
니다. 북한이 진정성을 보여주고 비핵화 가능성을 이야기한
것이기에 정말로 중요한 단어라고 생각합니다."

　　트럼프 미국 대통령과 문재인 대통령, 그리고 김정은 국무
위원장은 지속적인 소통을 통해 의견을 나누고 있다. 세 나라
의 관계는 점점 좁혀지고 있다. 완벽한 비핵화는 북미정상회

＊ '완전하고(complete), 검증할 수 있으며(verifiable), 돌이킬 수 없는(irreversible), 파괴
(dismantlement)'라는 의미

담의 결과에 달려 있다. 조지프 디트라니는 이미 합의된 바가 있다고 말했다.

조지프 디트라니 *Joseph R. DeTrani*
전 미국 대북 협상대사

"사실 지난 2005년 9 · 19 공동성명에서 이미 합의가 됐습니다. 포괄적인 공동성명이죠. 비핵화와 연락사무소 수립을 포함하여 안정보장 관련 모든 요소에 대해 논의했습니다. 미국 측의 약속이었어요. 북한을 재래 무기 또는 핵무기를 이용해 공격하거나 침략하지 않겠다는 약속이 있었죠. 그것이 바로

▎9 · 19 공동성명을 도출한 6자 회담 당사자들

성명에 포함되어 있습니다. 수교 설립, 평화협정, 그리고 궁극적으로 미국과의 관계 개선이었습니다."

2005년 9월 당시 6자 회담 당사자들은 베이징에서 제4차 회담을 통해 북핵 문제 해결을 위해 중요한 합의문을 도출해 냈다. 북한 핵의 포괄적 비핵화와 북미 간 신뢰 구축을 골자로 한 9 · 19 공동성명이다.

합의문의 주요 내용은 '6자는 6자 회담의 목표가 한반도의 검증 가능한 비핵화를 평화적인 방법으로 달성하는 것임을 만장일치로 재확인했으며 미국은 한반도에 핵무기를 보유하지 않으며 핵무기 또는 재래식 무기로 북한을 공격하거나 침공할 의사가 없다는 것을 확인'한다는 것이었다. 공약 대 공약, 행동 대 행동 원칙에 따라 단계적 방식으로 이행함으로써 상호 조율된 조치를 취할 것을 합의한 것이다.

북한의 비핵화가 쟁점의 한가운데에 서면서 한반도는 한 번도 경험하지 못했던 새로운 시간을 맞고 있다. 과연 북한과 미국은 북미정상회담을 통해 한반도 비핵화를 위한 합의에 도달할 수 있을까?

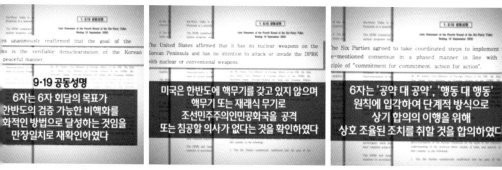

6자는 6자 회담의 목표가
한반도의 검증 가능한 비핵화를
화적인 방법으로 달성하는 것임을
만장일치로 재확인하였다

미국은 한반도에 핵무기를 갖고 있지 않으며
핵무기 또는 재래식 무기로
조선민주주의인민공화국을 공격
또는 침공할 의사가 없다는 것을 확인하였다

6자는 '공약 대 공약', '행동 대 행동'
원칙에 입각하여 단계적 방식으로
상기 합의의 이행을 위해
상호 조율된 조치를 취할 것을 합의하였다

▎9 · 19 공동성명의 주요 내용

조성렬
국가안보전략연구원 수석

"트럼프 대통령이 이야기한 대로 이른바 '빅뱅 어프로치', 그러니까 전격적인 합의를 할 가능성이 크다고 봅니다. 지금 물밑 대화가 계속되는 가운데 북한과 미국 간에는 전격적 합의를 위한 논의가 진행되고 있는 것으로 보입니다. 만약 이런 논의가 성사된다면 북미정상회담에서 비핵화에 관한 중대한 타결이 이뤄질 수 있다고 생각합니다."

257

브루스 커밍스*Bruce Cummings*
시카고대학교 석좌교수

"북한과 관련된 저의 모든 경험을 통해 봤을 때 북한이 원하
는 것은 단계마다 북한이 양보를 하면 미국도 양보를 해준다
는 보장입니다. 북한은 항상 그 부분에 철저하게 집착해왔습
니다. 만약 미국이 북한으로부터 얻은 것만큼 돌려줄 의사가
있다면 잘될 것입니다. 저는 비핵화 과정이 매우 어렵고 길고
철저하게 진행될 것으로 생각합니다. 하지만 북한이 핵과 미
사일을 포기하고 그에 대한 대가로 미국이 무언가를 포기한
다면 비핵화는 이뤄질 수 있을 겁니다."

2018년 4월 27일은 세계 역사의 한 페이지에 기록된 놀랍
고도 벅찬 하루였다. 김정은이 200미터를 걸어와 판문점 남
측 평화의 집을 향해 경계선을 넘었을 때 그 한 걸음이 새로
운 시작을 만든 것처럼, 우리도 이제야 겨우 한 걸음을 옮긴
것인지도 모른다. 남과 북이 모두 만족할 만한 상황에서 주변
국까지 아우르려면 앞으로 더 긴 시간과 인내가 필요할 터이

다. 그러나 비록 인내는 쓸지라도 그 열매는 무엇과도 비교할
수 없이 달콤할 것이다.

오래된 희망, 새로운 시대

　　　　　　　　　　문재인 대통령과 김정은 국
무위원장은 2018년 가을 중 또 한 차례의 정상회담을 가질
예정이다. 그 전까지 각국 정상들과의 만남이 이어질 것이다.
6월 북미정상회담 전에 문 대통령과 트럼프 대통령의 만남
을 필두로 남북정상회담 결과를 공유하는 또 다른 자리인 한
국·중국·일본의 정상회담, 러시아 푸틴 대통령과의 만남
까지 한반도를 둘러싼 각국과의 정상회담이 숨 돌릴 틈 없이
돌아가는 형국이다.
　특히 러시아 푸틴 대통령은 "남북정상회담의 결과가 앞으
로 한반도에서 확고한 평화를 구축하는 데 튼튼한 기반이 될
것"이라고 평가했다. 아울러 "이런 남북정상회담 결과는 자주
생기는 게 아니며 한반도라는 아주 복잡한 상황에서 이뤄내
기 어려운 일을 해냈다"라고 덧붙이며, 앞으로 있을 남북한과

의 관계 변화에 적극적인 태도를 보였다.

남북 양측이 러시아와 경제적인 협력관계를 맺게 될 경우 러시아의 철도, 가스, 전력 등이 한반도를 거쳐 시베리아로 연결될 가능성이 열린다. 게다가 한반도에서 러시아를 거쳐 유럽으로 직행하는 일이 농담이나 꿈으로 끝나지 않을 수도 있다. 군사분계선의 한계에 가로막히지 않고 웅장한 유라시아의 벌판으로 나아갈 기회가 생기는 것이다.

남북정상회담에서 발표된 판문점 선언은 정전협정을 평화협정으로 전환하기 위해 남한 · 북한 · 미국 3자 또는 남한 · 북한 · 미국 · 중국 4자 회담의 개최를 추진한다는 내용이 포함됐다. 한미정상회담과 북미정상회담이 마무리되면 남한 · 북한 · 미국의 3자 회담이 수면 위로 떠오를 가능성도 있다. 중국과의 논의 결과에 따라 남한 · 북한 · 미국 · 중국의 4자 회담도 열릴 가능성이 있다.

북한 역시 주변국과 접촉이 활발해질 것으로 전망된다. 김정은이 외교 무대에 본격적으로 진출한 만큼 미국과 중국은 물론 러시아, 일본과도 대화에 나설 수 있다. 왕이 중국 외교 담당 국무위원 겸 외교부장은 2018년 5월 2일부터 3일까지 리용호 북한 외무상의 초청을 받아 북한을 방문했다. 북중정상회담이 조율될 가능성이 커진 것이다. 북미정상회담 이후 시진핑 주석이 북한을 방문해 북중정상회담이 열릴 것이라는 의견이 지배적이다.

북러정상회담의 가능성도 커지고 있다. 2018년 4월 리용호 외무상이 러시아를 방문해 세르게이 라브로프 러시아 외무장관을 만났다. 조만간 라브로프 장관이 북한을 방문해 북러정상회담 개최를 타진할 것으로 보인다. 북일정상회담은 아직 구체화되고 있지 않으나 가능성은 충분히 열려 있는 상황이다. 두 나라 사이에 문재인 대통령이 주선자 역할을 할 것으로 예상된다. 아베 총리는 문 대통령과의 통화에서 "일본도 북한과 대화할 기회를 마련할 것"이라며 "필요하면 도움을 청하겠다"라고 말했다. 이에 문 대통령은 "다리를 놓는 데 기꺼이 나설 것"이라고 말했다.

한반도를 중심으로 전 세계가 술렁이고 있다. 오래전부터 간절하게 평화를 바랐던 우리 모두의 마음이 새로운 시대를 활짝 열고 있다.

감사의 말

 전 세계 공영방송의 롤모델은 단연 영국 BBC다. BBC에
⟨Panorama⟩라는 프로그램이 있다. 1953년부터 시작해 세계에
서 가장 오래 방송하고 있는 시사 다큐멘터리다(⟨KBS 스페셜⟩
도 한때 이름을 'KBS 파노라마'로 바꿨던 적이 있다). 지금도 매주
월요일 황금 시간대에 편성되는 영향력 있는 방송이다.

 2018년 4월, ⟨Panorama⟩에서는 북한 해외 노동자들의 실
태를 다룬 다큐멘터리를 방송했다. ⟨누가 북한을 움직이는
가: 제2편 달러 히어로즈⟩를 30분 분량으로 재편집한 작품이
었다. 방송이 끝난 후 크레딧에 KBS 제작팀의 이름이 공동

연출 및 제작 스태프로 명기됐다. 우리의 촬영본이 해외에서 방송되는 것을 지켜보노라니 기분이 묘했다.

독일에서는 ARTE를 통해 2월에 방송됐다. 독일 방송본은 60분 분량이었다. '달러 히어로즈'는 사실 국제 공동제작 프로젝트다. 덴마크에 기반을 둔 WHY재단에서 진행하는 공동제작 다큐멘터리 시리즈의 한 편으로, 전 세계 공영방송사를 통해 송출되는 것으로 알고 있다. 공동제작 파트너인 독일 a&o buero 프로덕션 역시 독일 공영방송인 ZDF의 펀딩을 받았다. BBC처럼 독자적으로 재편집을 하는 경우도 있지만, 대개는 독일의 편집본을 송출하는 형태가 될 것이다.

이 모든 과정이 처음 해보는 것이어서 무척 흥미로웠다. 애초 촬영 지역을 유럽과 아시아로 나누어 각각 진행한 후 공유하는 형태였기 때문에, 편집 과정에서도 이메일로 많은 질의와 응답이 오갔다. 팩트 하나하나를 꼼꼼히 점검했고, 사용하는 컷에 대해서는 어떻게 모자이크를 할지, 어느 부분에서 음성 변조를 할지 등을 거듭 확인했다. 최종 편집본을 보면서는 유럽과 한국의 다큐멘터리 내러티브에 어떤 차이가 있는지를 실감하기도 했다.

국제 공동제작도 좋은 경험이었지만 북한의 권력층에 대한 빅데이터 수집과 네트워크 분석 등 각종 심층 조사에서도 배운 게 많았다. 이 역시 처음 접해보는 과정이었으며, 우리가 북한에 대해 아는 게 별로 없다는 사실을 절감하며 자료를 찾았다. 현장과 사건에서 벗어나 컴퓨터 모니터 앞에서 한땀 한땀 빈칸을 채워 넣는 작업은 처음에는 길고 지루했다. 하지만 수많은 데이터를 기반으로 각종 통계학적 방법을 동원하여 밝혀낸 북한 권력의 흐름은 어느 정도 북에 대해 안다고 생각하던 제작진에게도 놀라움의 연속이었다.

　　김정은은 우리가 생각하는 것 이상으로 치밀하고 국정 목표가 뚜렷한 지도자라는 사실을 파워 엘리트의 교체 과정을 통해 알 수 있었다. 수령 1인의 결정이 중요한 무자비한 독재 국가라 이론적·학문적 분석이 무슨 의미가 있겠느냐 하는 회의가 들 때도 있었지만, 분석 결과로 다시 들여다본 북한은 나름의 시스템과 로드맵을 갖춘 국가였다. 남북정상회담과 북미정상회담이라는, 분단 70여 년 만의 한 획을 제대로 준비하려면 북한의 이런 감춰진 모습을 간과해서는 안 된다는 것이 제작진의 결론이었다.

늘 그렇듯 방송 다큐멘터리는 PD 혼자만의 성과가 아니다. 〈KBS 스페셜〉 팀장인 고정훈 PD는 뒷배가 되어 자질구레한 일을 마다하지 않으셨고, 조연출 이인건 PD는 결혼식 전날까지 각종 행정 서류의 도장을 받으러 다녔다. 민혜진 작가는 긴 시간 든든하게 옆을 지켜줬고, 조윤환 VJ를 비롯한 촬영 스태프는 러시아 오지의 북한 노동자 합숙소까지 문을 열고 들어가 카메라 돌리기를 주저하지 않았다. 그 많은 자료를 정리해 괄목할 만한 성과로 만들어준 고려대 공공정책연구소 김에스라 님은 방송의 또 다른 주역이었다. 또한 독일과의 공동제작에 중간 다리가 되어준 달빛영화사의 배원정 대표와 국경 없는 협업을 보여준 독일 a&o buero 프로덕션의 트리스탄 체트로시크 프로듀서에게도 공을 돌린다. 크레딧에 이름이 나오는 모든 스태프를 비롯하여 크게 또는 작게 얽혀있는 선후배들의 지원과 격려가 없었다면 불가능했을 작업이었다. 머리 숙여 감사드릴 뿐이다.

더하여 공을 돌릴 분들이 계시다. 방송 다큐멘터리를 책으로 엮는 어려운 작업을 흔쾌히 진행해주신 KBS 미디어의 신지선 님과 가나출판사의 유다형, 서선행 님이다. 방송이 나가

이미 전파로 흩어진 프로그램을 다시 활자로 차곡차곡 담아
주신 덕분에 필요한 시기에 필요한 정보를 선보이게 되어 감
사드릴 뿐이다.

　마지막으로 잦은 출장으로 집을 비운 남편과 아빠의 빈자
리를 무던하게 견뎌준 아내와 이서, 이재에게 사랑을 전한다.
지금 여기의 이 모든 것은 가족 덕분이다.

2018년 6월
KBS 기획제작국 류종훈 PD

참고 문헌

〈KBS 특별기획 김정일〉, KBS, 2011

〈KBS 스페셜 고영희 베일을 벗다〉, KBS, 2012

〈KBS 파노라마 김정은 한미중의 딜레마〉, KBS, 2013

〈KBS 스페셜 한반도 김정은 1년을 말하다〉, KBS, 2013

〈KBS 스페셜 한반도 평화의 문을 열다〉, KBS, 2018

〈북한의 시장화 현황과 경제체제의 변화 전망〉, 정형곤, 이석, 김병연, 대외경제정책연구원, 2012

〈2000년대 북한경제 종합평가〉, 양문수, 이석기, 이영훈, 임강택, 조봉현, 산업연구원, 2012

〈김정은 시대의 북한 경제체제 변화 전망과 시사점〉, 김석진, 통일경제, 2012

〈러시아의 극동개발과 북한 노동자〉, 이영형, 통일연구원, 2012

〈김정은 시대 북한의 교육정책, 교육과정, 교과서〉, 조정아, 이교덕, 강호제, 정채관 , 통일연구원, 2015

〈김정은 시대 북한 노동당 중앙위원회 정치국의 역할〉, 저영장, 정세와 정책, 2015

〈북한 노동자 외국 파견 정책의 추이와 전망〉, 이용희, 국제통상연구, 2016

〈러시아 사할린 지역의 북한 노동자〉, 이애리아, 이창호, 방일권, 통일연구원, 2017

〈해외 북한 노동자 인권실태, 중국을 가다〉, 국민통일방송 북한 노동자 인권실태 세미나, 2017

〈2018 북한 이해〉, 통일교육원, 2018

《후계자 김정은》, 이영종, 늘품, 2010

《북한의 후계자 왜 김정은인가》, 후지모토 겐지 저, 한은미 역, 맥스미디어, 2010

《노무현 김정일의 246분》, 유시민, 돌베개, 2013

《키워드로 본 김정은 시대의 북한》, 정창현, 도서출판선인, 2014

《김정은 시대의 북한 경제》, 임을출, 한울, 2016

《김정은 체제 왜 붕괴되지 않는가》, 리 소테츠 저, 이동주 역, 레드우드, 2017

《장마당과 선군정치》, 헤이즐 스미스 저, 김재오 역, 창비, 2017

《70년의 대화》, 김연철, 창비, 2018

《조난자들》, 주승현, 생각의힘 , 2018

《선을 넘어 생각한다》, 박한식, 강국진, 부키, 2018

《북한 핵의 운명》, 한용섭, 박영사, 2018년

《남북관계의 이해》, 우승지, 경희대학교출판문화원, 2018

누가 북한을 움직이는가

초판 1쇄 인쇄 2018년 6월 1일
초판 1쇄 발행 2018년 6월 8일

지 은 이 | 〈KBS 누가 북한을 움직이는가〉 제작팀 · 류종훈 PD

펴 낸 곳 | (주)가나문화콘텐츠
펴 낸 이 | 김남전
기획부장 | 유다형
책임편집 | 서선행
본문구성 | 인현진
외주교정 | 공순례
디 자 인 | 정란
마 케 팅 | 정상원 한웅 정용민 김건우
경영관리 | 임종열 김다운

출판 등록 | 2002년 2월 15일 제10-2308호
주   소 | 경기도 고양시 덕양구 호원길 3-2
전   화 | 02-717-5494(편집부) 02-332-7755(관리부)
팩   스 | 02-324-9944
홈페이지 | www.anigana.co.kr
이 메 일 | admin@anigana.co.kr

ISBN 978-89-5736-962-3 03300

가나출판사는 당신의 소중한 투고 원고를 기다립니다. 책 출간에 대한 기획이나 원고가 있으신
분은 이메일 ganapub1@naver.com으로 보내주세요.